D1674079

Katharina Schlüter

Mitarbeitergewinnung im Web 2.0

Katharina Schlüter

Mitarbeitergewinnung im Web 2.0
Was die Generation Y wirklich anspricht

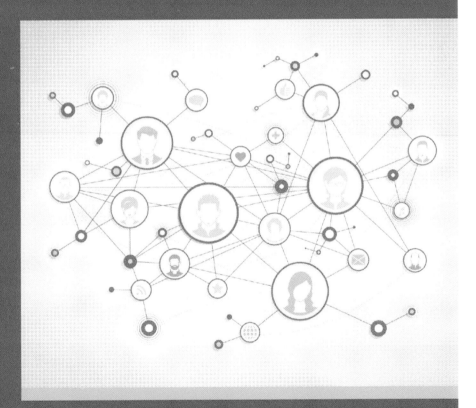

Impressum

Copyright: © 2013 Katharina Schlüter

Druck und Verlag: epubli GmbH, Berlin,
www.epubli.de

Titelbild: istockphoto.com

ISBN 978-3-8442-4524-0

Geleitwort

Seit gut drei Jahren ist ein allgemeiner Trend auch in den HR-Abteilungen zum Thema geworden: Social Media. Seither fragen immer mehr Unternehmen: „Brauchen wir eine Facebook-Fanpage? Müssen wir twittern? Welche Videos können wir viral verbreiten?" Bevor die Verantwortlichen in den HR-Abteilungen jedoch aufgrund des vermeintlichen Hype um das Web 2.0 in Panik verfallen, sollten sie sich überlegen, wie es zu dieser Entwicklung kam, was sich durch die Kommunikation über soziale Netzwerke verändert hat und wen man über welche Kanäle überhaupt erreichen kann.

Seit der Existenz des Web 2.0 wird das Netz nicht mehr nur zur Recherche und zum Versenden von Mails genutzt, sondern auch um eigene Inhalte zu verbreiten. In Foren kann jeder seine Meinung kundtun, bei Wikipedia Wissen teilen oder auf Bewertungsplattformen den Arbeitgeber bewerten. Diese Entwicklung legte den Grundstein für eine neue Form der Kommunikation – das Netz wird „social". Für Unternehmen eröffnet dies neue Möglichkeiten, mit Zielgruppen in Kontakt zu treten.

In den vergangenen Jahren ist Facebook zum vorherrschenden Netzwerk avanciert – nicht nur weil es technisch sehr viele Möglichkeiten bietet. In Deutschland nutzen heute gut 24 Millionen Menschen Facebook – Tendenz immer noch steigend! Allein die Anzahl der Nutzer spricht dafür, dass man sich als Unternehmen und Arbeitgeber einer Präsenz im Netzwerk nicht verwehren kann. Aber wie können Zielgruppen erreicht und von den eigenen Arbeitgeberqualitäten überzeugt werden?

Zwar kann man für Entwicklung und Aufbau einer Social-Media-Strategie auf Ressourcen von externen Spezialisten zurückgreifen, aber später bei der täglichen Betreuung muss man selbst mit der Zielgruppe kommunizieren. Auf Augenhöhe und mit Freude. Experten aus den eigenen Reihen müssen mit Herzblut dabei sein, um das Arbeiten im Unternehmen, den Spaß am Arbeiten, bei der Zielgruppe glaubhaft rüberzubringen. So wird ein positives Arbeitgeberimage im Web 2.0 lebendig.

Um spezielle Zielgruppen wie die Generation Y anzusprechen, empfiehlt sich eine tiefergehende Kommunikation. Interessenten wollen mehr erfahren. Ein Fach- oder Karriereblog kann oftmals der richtige Weg sein, um sich als attraktiver Arbeitgeber einmal anders, direkter und persönlicher zu präsentieren. Die Wege, sich bei den passenden Kandidaten im Netz ins Gedächtnis zu rufen, sind vielfältig. Die Möglichkeiten schier unerschöpflich. Das vorliegende Buch gibt Impulse, wie Arbeitgeber die Generation Y erreichen können und welche Inhalte man wo bereitstellen sollte. Wer bereit ist, Ziele und Ressourcen realistisch zu definieren, dem kann ich nur raten: Ab ins Web 2.0! Viel Spaß wünsche ich beim Lesen des Buches „Mitarbeitergewinnung im Web 2.0" von Katharina Schlüter.

Lutz Altmann ist Geschäftsführer und Gründer des seit 2003 existierenden Unternehmens humancaps. humancaps media berät Unternehmen branchenübergreifend im Bereich Social-Media-Personalmarketing. Aufgrund seiner Expertise aus früheren Positionen als HR-Manager und Personalberater verknüpft Lutz Altmann Recruitment-Know-how mit Personalmarketing und begleitet Unternehmen kompetent auf ihrem Weg ins Social Web. Darüber hinaus ist er als Autor des unternehmenseigenen Personalmarketingblogs aktiv.

Vorwort

Schon jetzt spüren viele Unternehmen den Wandel vom Arbeitgeber- zum Arbeitnehmermarkt. Die Suche nach passenden Mitarbeitern und speziell die Gewinnung von Nachwuchskräften gestaltet sich zunehmend schwieriger. Web 2.0 und Social Media scheinen der Ausweg aus dem Dilemma zu sein, ist doch das Internet die zweite Heimat der Vertreter der sogenannten Generation Y, den in den 1980er und 1990er Jahren Geborenen. Doch ohne Bedürfnisse und Wünsche der jungen Zielgruppe zu kennen, ist der Arbeitgeberauftritt bei Facebook oder der Videokanal bei YouTube zum Scheitern verurteilt. Messbare Erfolge der Mitarbeitergewinnung im Web 2.0 bleiben häufig aus.

Das Web 2.0 und speziell Netzwerke wie Facebook haben die Kommunikation grundlegend verändert. Das Veröffentlichen und Teilen von Inhalten im Internet ist insbesondere für junge Menschen selbstverständlich. Was aber hält die Generation Y davon, wenn Arbeitgeber im Internet auf Nachwuchskräftefang gehen? Ihre Einstellung gegenüber Maßnahmen zur Nachwuchsgewinnung im Web 2.0 ist bislang kaum erforscht. Während Studien meist die Chancen der neuen Netzkultur aus Unternehmenssicht beleuchten, wird die Perspektive der Zielgruppe vernachlässigt.

Genau hierauf legt das Buch „Mitarbeitergewinnung im Web 2.0" seinen Schwerpunkt. Auf Basis einer umfangreichen Online-Befragung von Studierenden wird aufgezeigt, welche Kanäle und Maßnahmen zur Mitarbeitergewinnung im Web 2.0 von Nachwuchskräften akzeptiert werden und welche Inhalte und Gesprächspartner gewünscht sind. Es werden Handlungsempfehlungen ausgesprochen, wie Arbeitgeber junge – und vor allem passende – Talente auf sich aufmerksam machen können, um dem Fachkräftemangel entgegenzuwirken.

Dieses Buch stellt einen Leitfaden für HR- und Marketingverantwortliche dar, die sich mit der Thematik Nachwuchskräftegewinnung im Web 2.0 kritisch auseinandersetzen und Impulse für ihre tägliche Arbeit gewinnen möchten. Um den Transfer der Studienergebnisse in die Praxis zu erleichtern, werden konkrete Handlungsempfehlungen ausgesprochen und Denkanstöße gegeben.

In seiner ursprünglichen Form wurde das vorliegende Buch als Masterthesis im Fernstudium Sales and Marketing an der Hochschule Wismar verfasst. Auf dem Weg zur fertigen Masterthesis durfte ich von vielen Seiten Unterstützung erfahren: An erster Stelle geht mein Dank an Silke Trick und Prof. Dr. Beate Braun für die sehr gute Betreuung. Bei der Durchführung meiner Online-Befragung haben mir Hochschulvertreter, Stipendienanbieter und Mitarbeiter von Karriereportalen Türen geöffnet, indem sie auf meine Befragung aufmerksam gemacht haben. Ihnen gilt mein Dank ebenso wie all jenen Studierenden, die an der Erhebung teilgenommen und ihre Meinung sowie ihre persönlichen Gedanken mit mir geteilt haben. Darüber hinaus bedanke ich mich bei Julia Legge für den fachlichen Austausch und bei Lutz Altmann für sein Interesse an meinem Werk und sein Geleitwort.

Außerdem möchte ich mich ganz besonders bei meinen Eltern sowie bei meinem Lebensgefährten bedanken, die mich während des Fernstudiums und der Überarbeitung meiner Masterthesis für die Veröffentlichung motiviert und unterstützt haben und stets für mich da sind.   Danke für alles.

Katharina Schlüter

Inhaltsverzeichnis

Geleitwort V
Vorwort VII
Abbildungsverzeichnis XI
Tabellenverzeichnis XIII

1. Gegenstand und methodisches Konzept 1
1.1. Zielsetzung 1
1.2. Aufbau und Struktur 3

2. Grundlagen und Abgrenzung zentraler Begriffe 5
2.1. Web 2.0 und Social Media 5
2.2. Employer Branding und Mitarbeitergewinnung 8
2.3. Nachwuchskräfte und Generation Y 11

3. Aktuelle Entwicklungen auf dem Arbeitsmarkt und Herausforderungen für Arbeitgeber 12
3.1. Demografischer Wandel 13
3.2. Globalisierung der Weltwirtschaft 15
3.3. Entwicklung zur Wissens- und Dienstleistungsgesellschaft 16
3.4. Generationswechsel zur Generation Y 17
    3.4.1. Informations- und Kommunikationsverhalten 18
    3.4.2. Konsumkultur 20
    3.4.3. Einstellung zur Arbeit 21
3.5. Notwendigkeit des Employer Branding 22

4. Nutzung des Web 2.0 für die Nachwuchsgewinnung 25
4.1. Stärken von Web 2.0 und Social Media 25
4.2. Neue Kommunikationsregeln für Unternehmen 28
4.3. Ausgewählte Plattformen im Überblick 30
    4.3.1. Facebook 31
    4.3.2. Google+ 31
    4.3.3. Xing 32
    4.3.4. Twitter 33
    4.3.5. YouTube 33
    4.3.6. kununu 34
    4.3.7. Karrierewebsite 34
    4.3.8 Sonstige 35
    4.3.9. Zusammenfassende Bewertung der Plattformen 35
4.4. Realer Nutzen des Web 2.0 für die Mitarbeitergewinnung 36

5. Ermittlung der Akzeptanz von Recruiting-Aktivitäten im Web 2.0 bei Nachwuchskräften ... 39
5.1. Konzeption einer Primärdatenerhebung ... 39
    5.1.1. Zielsetzung ... 39
    5.1.2. Untersuchungsdesign ... 40
    5.1.3. Erhebungsmethode ... 40
    5.1.4. Erhebungsinstrument ... 41
    5.1.5. Grundgesamtheit und Stichprobenauswahl ... 43
5.2. Durchführung der Primärdatenerhebung ... 45
5.3. Auswertung der Primärdatenerhebung ... 45
    5.3.1. Soziodemografische Daten ... 46
    5.3.2. Einstellung zur Arbeit und gegenüber Arbeitgebern ... 47
    5.3.3. Web-2.0-Nutzungsverhalten ... 53
    5.3.4. Informationsverhalten ... 57
    5.3.5. Recruiting-Aktivitäten – Vertrauen und Anforderungen ... 60
    5.3.6. Erfahrungen und Kontaktpunkte mit Arbeitgebern im Web 2.0 ... 70
    5.3.7. Ergänzende Ideen, Gedanken und Anmerkungen der befragten Studierenden ... 73

6. Handlungsempfehlungen und Impulse für die Nachwuchsgewinnung im Web 2.0 ... 78
6.1. Arbeitskreis Mitarbeitergewinnung ... 78
6.2. Medialer Einsatz in den Phasen der Mitarbeitergewinnung ... 79
6.3. Kreative Gestaltung von Stellenangeboten in Online-Stellenbörsen ... 81
6.4. Integration von Teamsites in den Karrierebereich ... 83
6.5. Ausgestaltung einer Facebook-Seite ... 86
6.6. Aufruf zur Arbeitgeberbewertung ... 88

7. Schlussbetrachtung ... 90

Literaturverzeichnis ... 94

Anhang ... 97
A1   Original-Fragebogen ... 97
A2   Anzahl der Vollzeitstudierenden ... 109
A3   Soziodemografische Daten der Befragungsteilnehmer ... 110
A4   Schriftliches Kurzinterview mit Julia Legge ... 112

Abbildungsverzeichnis

Abbildung 1: Zentrale Veränderungen vom Web 1.0 zum Web 2.0 6
Abbildung 2: Von der One-to-Many zur Many-to-Many-Kommunikation 7
Abbildung 3: Schaffung einer konsistenten Arbeitgebermarke durch Employer Branding ... 8
Abbildung 4: Funktionen und Wirkungsbereiche des Employer Branding 9
Abbildung 5: Phasen der Mitarbeitergewinnung nach KÜFFNER 10
Abbildung 6: Einflussfaktoren auf den deutschen Arbeitsmarkt 12
Abbildung 7: Altersaufbau der Bevölkerung in Deutschland von 1910 bis 2060 14
Abbildung 8: Generationswechsel 18
Abbildung 9: Mit dem Einsatz von Web 2.0 und Social Media verfolgte Ziele 25
Abbildung 10: Stärken von Web 2.0 und Social Media allgemein und in Bezug auf Mitarbeitergewinnung 27
Abbildung 11: Klassisches Verhältnis von Personalabteilung und Bewerbermarkt 29
Abbildung 12: Rollenverständnis der Personalabteilung als Broker und Coach 30
Abbildung 13: Studienrichtung (n=338) 46
Abbildung 14: Zeitpunkt des Abschlusses (n=340) 47
Abbildung 15: Einstellung zur Arbeit und gegenüber Arbeitgebern (n=427) 48
Abbildung 16: Anforderungsprofil an einen Arbeitgeber (392 ≤ n ≤ 396) 50
Abbildung 17: Anforderungsprofil an einen Arbeitgeber in Abhängigkeit vom Zeitpunkt des Studienabschlusses (n=337) 52
Abbildung 18: Nutzung von Web-2.0-Plattformen (n=395) 54
Abbildung 19: Facebook-Nutzungsmotiv (n=352) 55
Abbildung 20: Akzeptanz von Arbeitgeberauftritten im Web 2.0 (n=390) 56
Abbildung 21: Gewünschte Informationsquellen, um passende Stellen zu finden (n=380) . 58
Abbildung 22: Gewünschte Informationsquellen, um sich über Arbeitgeber zu informieren (n=380) 60
Abbildung 23: Vertrauen in Informationsquellen (n=367) 62
Abbildung 24: Wirkung einer Textpassage aus dem Karrierebereich eines Konsumgüterherstellers (n=342) 63
Abbildung 25: Wirkung einer Bewertung eines Konsumgüterherstellers auf der Plattform kununu (n=339) 64
Abbildung 26: Gewünschte Gesprächspartner auf Arbeitgeberseite (n=355) 66
Abbildung 27: Gewünschte Inhalte im Karrierebereich der Unternehmenswebsite (n=345) . 68
Abbildung 28: Gewünschte Inhalte auf externer Plattform (n=345) 69
Abbildung 29: Häufigkeit Fanwerden von Arbeitgebern (n=341) 71
Abbildung 30: Grund für Fanwerden (n=81) 72
Abbildung 31: Zusammenhang zwischen Fansein und Arbeitgeberattraktivität (n=81) 73
Abbildung 32: Word Cloud Mitarbeitergewinnung im Web 2.0 – Anmerkungen der Studierenden (n=130) 74

Abbildung 33: Mitarbeitergewinnung im Web 2.0 – Auszüge aus den Anmerkungen der Studierenden 77
Abbildung 34: Medialer Einsatz in den Phasen der Mitarbeitergewinnung 80
Abbildung 35: Auszug aus Bilderwelt einer Web-2.0-Stellenanzeige der ESG 82
Abbildung 36: Darstellung individueller Karrierepfade bei BERTELSMANN 84
Abbildung 37: Auszeichnungen von kununu als OPEN COMPANY und als TOP COMPANY 89

Tabellenverzeichnis

Tabelle 1: Web-2.0-Plattformen und ihre Stärken im Überblick 36
Tabelle 2: Fragebogendesign 42
Tabelle 3: Auswirkung einer negativen Bewertung auf das Interesse an einem Arbeitgeber 65

1. Gegenstand und methodisches Konzept

1.1. Zielsetzung

Die schillernde Medienwelt lockt Jahr um Jahr kreative junge Menschen an. Doch dem börsennotierten Medienunternehmen ProSiebenSat.1 Media AG gelingt es nicht, alle Vakanzen zu besetzen: In Zentralbereichen wie Informationstechnologie, Rechtsabteilung oder Projektmanagement fehlen die passenden Mitarbeiter.[1] Ein Beispiel, das für viele deutsche Unternehmen Gültigkeit hat, denn auch in anderen Branchen sind qualifizierte Fachkräfte Mangelware. Insbesondere der Nachwuchs in den Bereichen Mathematik, Informatik, Naturwissenschaften und Technik (MINT) ist rar. Um Wachstums- und Innovationskraft des eigenen Unternehmens zu gewährleisten, muss sich ein Arbeitgeber auf dem deutschen Arbeitsmarkt im Kampf um entsprechend qualifizierte Arbeitskräfte behaupten können.[2]

Branchenübergreifend sehen sich immer mehr Unternehmen mit einem Fachkräftemangel konfrontiert und stehen vor der Herausforderung, die passenden Mitarbeiter im sogenannten War for Talent zu finden. Der demografische Wandel, die Globalisierung der Weltwirtschaft sowie die Entwicklung in Deutschland zu einer Wissensgesellschaft tragen dazu bei, dass qualifizierte Mitarbeiter in den kommenden Jahren zunehmend zu einem knappen Produktionsfaktor werden.[3] Die Erkenntnis, dass die eigenen Mitarbeiter und ihre Qualifikationen einen entscheidenden Wettbewerbsvorteil darstellen und maßgeblich Einfluss auf den Unternehmenswert haben, unterstreicht die Relevanz der Thematik.[4]

Nur die Unternehmen können als Sieger aus dem Kampf um passende Mitarbeiter hervorgehen, die sich auf die Veränderungen am Arbeitsmarkt eingestellt haben und die bereit sind, neue Wege in der Personalarbeit zu gehen. Speziell die Gewinnung des akademischen Nachwuchses gestaltet sich immer schwieriger: Die Studierenden und Absolventen von heute stellen als Vertreter der sogenannten Generation Y[5] neuartige Anforderungen an einen potentiellen Arbeitgeber und können aufgrund ihres veränderten Kommunikations- und Mediennutzungsverhaltens über klassische Medien kaum noch erreicht werden.[6] Um passende Nachwuchskräfte anzusprechen, stellt sich für Unternehmen die Frage, ob und wie sie in der Arbeitsmarktkommunikation neue Kommunikationswege nutzen soll-

---

[1] Vgl. Stephan (2011)
[2] Vgl. Anger et al. (2011)
[3] Vgl. Stotz; Wedel (2009) S. 43 ff.
[4] Vgl. Sponheuer (2010) S. 7
[5] Der Begriff der Generation Y sowie weitere zentrale Begriffe werden in Kapitel 2 erörtert.
[6] Vgl. Parment (2009) S. 15 ff.

ten, die das Web 2.0 und insbesondere Social Media[7] bieten. Doch was steckt hinter dem Hype um Social Media? Nur wenige Unternehmen können messbare Erfolge vorweisen. Es ist unklar, welchen Beitrag das Web 2.0 zur Gewinnung des akademischen Nachwuchses tatsächlich leisten kann und welche Kanäle von dieser Zielgruppe akzeptiert werden.[8] Während zahlreiche Quellen Chancen von Recruiting-Maßnahmen im Web 2.0 aus Unternehmenssicht beleuchten, fehlt es an Studien zur Erwartungshaltung und zur Akzeptanz innerhalb der Zielgruppe der Nachwuchskräfte.

An dieser Stelle knüpft dieses Buch an. Das Hauptziel ist es, aufzuzeigen, welche Kanäle und Maßnahmen zur Mitarbeitergewinnung im Web 2.0 von Nachwuchskräften, den derzeitigen Studierenden, akzeptiert werden und welche Inhalte und Gesprächspartner gewünscht sind. Basierend auf diesen Erkenntnissen werden erste Handlungsempfehlungen ausgesprochen, wie Arbeitgeber junge Talente auf sich aufmerksam machen und Bewerbungen generieren können, um als Gewinner aus dem War for Talent hervorzugehen.

Um die Untersuchung des Hauptziels zugänglicher zu machen, empfiehlt sich eine Zerlegung in Teilziele, die nachfolgend als Fragen formuliert werden:

1. Welche aktuellen Entwicklungen prägen den deutschen Arbeitsmarkt?
2. Welche Herausforderungen ergeben sich hieraus für Unternehmen für die Nachwuchsgewinnung?
3. Welchen Beitrag können Web 2.0 und Social Media zur Nachwuchsgewinnung leisten?
4. Welche Kanäle nutzen die jetzigen Studierenden, um sich über Stellen und potentielle Arbeitgeber zu informieren?
5. Welche Maßnahmen zur Mitarbeitergewinnung stoßen auf Akzeptanz des akademischen Nachwuchses und welche Inhalte und Ansprechpartner wünscht er sich?
6. Wie und wo müssen Arbeitgeber im Web 2.0 auftreten, um den Bedarf an akademischen Nachwuchskräften decken und um die Wettbewerbsfähigkeit des Unternehmens langfristig sichern zu können?

---

[7] Die Begriffe Web 2.0, Social Media sowie weitere zentrale Begriffe werden in Kapitel 2 erörtert.
[8] Vgl. Petry; Schreckenbach (2010) S. 69 f; Kienbaum Communications (Hrsg.) (2010) S. 2; Küffner (2011) S. 7

1.2. Aufbau und Struktur

Um in die Thematik ‚Gewinnung von Nachwuchskräften im Web 2.0' einzuführen, werden im **zweiten Kapitel** zentrale Begriffe definiert und abgegrenzt. Zunächst wird ein grundlegendes Verständnis für Web 2.0 und Social Media geschaffen. Weiter werden Employer Branding als Konzept zur Entwicklung einer Arbeitgebermarke sowie Mitarbeitergewinnung als einer von fünf Wirkungsbereichen des Employer Branding dargestellt. Da der Fokus auf die Gewinnung von Nachwuchskräften gerichtet wird, wird der als Nachwuchskräfte geltende Personenkreis, die Vertreter der Generation Y, definiert.

Das **dritte Kapitel** gibt durch Auswertung von Fachliteratur und aktuellen Studien Antworten auf die Fragen, welche Entwicklungen den deutschen Arbeitsmarkt prägen (*Teilziel 1*) und welche Herausforderungen hieraus für Unternehmen für die Nachwuchsgewinnung resultieren (*Teilziel 2*). Bedingt durch den demografischen Wandel, die Internationalisierung der Märkte, die Entwicklung zur Wissens- und Dienstleistungsgesellschaft sowie dem Generationswechsel zur Generation Y sind Unternehmen heute mit neuartigen Rahmenbedingungen konfrontiert, die die Notwendigkeit des Employer Branding begründen.

Das **vierte Kapitel** beschreibt, welchen Beitrag Web 2.0 und Social Media mit ihrer technologischen Infrastruktur zur Nachwuchsgewinnung leisten können (*Teilziel 3*). Basierend auf der Darstellung der Stärken des Web 2.0 und von Social Media werden daraus resultierende, neue Kommunikationsregeln für Unternehmen abgeleitet und Facebook, Google+, Xing, Twitter, YouTube, kununu und die unternehmenseigene Karrierewebsite als ausgewählte Plattformen vorgestellt. Abschließend erfolgt eine kritische Betrachtung des realen Nutzens dieser Plattformen für die Mitarbeitergewinnung.

Den praktischen Teil stellt das **fünfte Kapitel** dar. Dieser Teil ergänzt die Darstellungen im vierten Kapitel um die Perspektive der Nachwuchskräfte in Deutschland (*Teilziel 3*). Eine Primärdatenerhebung zeigt auf, welche Kanäle die jetzigen Vollzeitstudierenden nutzen, um sich über Stellen und potentielle Arbeitgeber zu informieren (*Teilziel 4*), welche Maßnahmen zur Mitarbeitergewinnung auf Akzeptanz des akademischen Nachwuchses stoßen und welche Inhalte und Ansprechpartner gewünscht sind (*Teilziel 5*). Hierzu wurde eine Online-Befragung von Studierenden an deutschen Hochschulen konzipiert und im Frühjahr 2012 durchgeführt. Das Herzstück dieses Kapitels bildet die Auswertung der gewonnenen Daten. Hierbei werden die Bereiche Einstellung gegenüber Arbeit und Arbeitgeber, Web-2.0-Nutzungsverhalten, Informationsverhalten bei der Jobsuche, Vertrauen in und Anforderungen an Recruiting-Aktivitäten sowie Erfahrungen mit Arbeitgebern im Web 2.0 unterschieden.

Basierend auf den Ergebnissen der Befragung gibt das **sechste Kapitel** Impulse für die Gestaltung der Nachwuchsgewinnung (*Teilziel 6*). Es werden konkrete Handlungsempfehlungen ausgesprochen, über welche Wege Arbeitgeber im Web 2.0 den akademischen Nachwuchs auf sich aufmerksam machen und deren Interesse an einer Tätigkeit im Unternehmen wecken können.

Eine abschließende Betrachtung erfolgt im **siebten Kapitel**.

Aus Gründen der Lesbarkeit wird im weiteren Verlauf die männliche Sprachform gewählt. Sie steht ebenso stellvertretend für die weibliche Form.

2. Grundlagen und Abgrenzung zentraler Begriffe

Zu den zentralen Begriffen zählen Web 2.0 und Social Media, Employer Branding und Mitarbeitergewinnung sowie Nachwuchskräfte und Generation Y. Diese Begriffe werden im Folgenden definiert und abgegrenzt.

2.1. Web 2.0 und Social Media

Als der Brite TIM-BERNERS LEE zu Beginn der 1990er Jahre die Auszeichnungssprache HTML entwickelte und damit das World Wide Web (WWW) begründete, war es sein Ziel, ein Web zu schaffen, „an dem jeder Nutzer völlig unproblematisch partizipieren kann, sowohl passiv als auch durch das aktive Einspeisen von Inhalten".[9] Diesem damals aufgestellten Ziel wird das heutige Web 2.0 gerecht: Im Mittelpunkt des Web 2.0 steht der Mensch. Er greift nicht mehr auf eine Ansammlung von unpersönlichen Websites zurück, sondern nutzt das Web vielmehr als eine Service-Plattform, erstellt selbst Inhalte, verbreitet diese und tauscht sich mit anderen Menschen aus.[10] Hierzu kann der einzelne User auf eine Vielzahl an technologischen Neuerungen zurückgreifen. Die zentralen Elemente des Web 2.0 sind in Anlehnung an KENNEDY ET AL. folgende:[11]

- Blogs: Personalisierbare Websites, ähnlich einem Online-Tagebuch
- Wikis: Kollaborative Websites, die von jeder Person bearbeitet werden können
- Social Networking Services: Erstellen einer persönlichen Website innerhalb eines Netzwerkes, um sich mit anderen Usern zu verbinden
- Social Bookmarking Services: Speichern, Sortieren und Teilen von Links
- Datenaustausch und Podcasting: Distribution von (Media-)Dateien

Der Begriff des Web 2.0 ist auf den irischen Verleger TIM O'REILLY zurückzuführen. Im Jahr 2004 suchte er einen Namen für eine Konferenz zu den Veränderungen des Internets. Damals wählte er die ‚2.0', um analog zur Versionierung von Software kenntlich zu machen, dass es eine neue Version des Web gibt.[12]

Die wesentlichen Veränderungen vom Web 1.0 zum Web 2.0 visualisiert Abbildung 1. Stellte das ursprüngliche Web ein geschlossenes und klar strukturiertes System dar, ist die zweite Generation des Web offen, dialogorientiert, menschlich und scheinbar grenzen-

---

[9] Hettler (2010) S. 11
[10] Vgl. Hettler (2010) S. 4 f
[11] Vgl. Kennedy et al. (2007) S. 518 f
[12] Vgl. Huber (2008) S. 13

los.[13] Aufgrund der zahlreichen Möglichkeiten, selbst Content beizusteuern, wird das Web 2.0 häufig als Mitmach-Web bezeichnet.[14] Der Begriff Web 2.0 steht demnach für das heutige Internet, das jedem Einzelnen Contentproduktion, Austausch und Kollaboration ermöglicht.

Das Web 1.0 war ...	Das Web 2.0 ist ...
klar und übersichtlich	offen und amorph
monologisch	dialogisch
langsam, in Geschäftszeit	schnell, in Echtzeit
geschlossen	partizipativ
anonym	persönlich
unpersönlich	sensibel, menschlich
umfassend, oberflächlich	unauslotbar tief

Abbildung 1: Zentrale Veränderungen vom Web 1.0 zum Web 2.0[15]

Eng mit dem Web 2.0 ist auch der Begriff Social Media verbunden, der häufig fälschlicherweise synonym verwendet wird. Social Media stellt jedoch eine Untermenge von Web 2.0 dar, die die menschliche Kommunikation, Interaktion und Kollaboration in den Fokus rückt.[16] Während im Web 2.0 Menschen, die nicht unbedingt in einer sozialen Beziehung stehen, Inhalte teilen, stellt Social Media die zwischenmenschliche Beziehung in den Vordergrund: Menschen, die sich privat oder beruflich verbunden fühlen oder sich verbinden möchten, teilen Inhalte miteinander. Sie pflegen ihr Netzwerk und interagieren mit anderen Personen online.[17] Social Media umfasst demnach drei der fünf von KENNEDY ET AL. genannten Elemente des Web 2.0: Social Networking Services, Social Bookmarking Services sowie Datenaustausch/Podcasting.[18] Unter Social Media sind all jene Internet-Plattformen zu verstehen, die unter Verwendung dieser Elemente den Aufbau von Beziehungen und Kommunikation ermöglichen. Die Kommunikation erstreckt sich dabei nicht mehr nur auf reine Textnachrichten, sondern auch auf Fotos, Videos, Musik und Spiele. Die Beiträge werden um eine soziale Komponente erweitert, wodurch Social Media die klassische Kommunikationsbeziehung grundlegend verändert: Statt einer One-to-Many-

---

[13] Vgl. Bernauer et al. (2011) S. 19
[14] Vgl. Huber (2008) S. 14
[15] In Anlehnung an Bernauer et al. (2011) S. 19
[16] Vgl. Hettler (2010) S. 12 f
[17] Vgl. Grabs; Bannour (2011) S. 21
[18] Vgl. Kennedy et al. (2007) S. 518 f

Kommunikation – wie etwa bei den klassischen Medien TV oder Radio – ist mit Social Media eine Many-to-Many-Kommunikation möglich, wie sie in Abbildung 2 dargestellt ist. Der User ist Inhaltproduzent, Sender und Empfänger zugleich.[19] Der Kerngedanke von Social Media ist „die Vernetzung von Menschen mit Menschen".[20] Social Media steht nicht nur für neue Features und Plattformen wie Facebook, Xing oder Twitter, sondern insbesondere für eine neue Kommunikationskultur.[21]

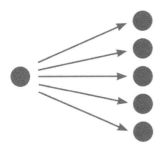 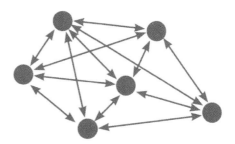

One-to-Many-Kommunikation (Klassische Medien)

Many-to-Many-Kommunikation (Social Media)

Abbildung 2: Von der One-to-Many zur Many-to-Many-Kommunikation[22]

Für Unternehmen stellt Social Media Chance und Gefahr zugleich dar: Sie müssen auf die Kommunikationshoheit verzichten. Statt einzig auf zentralisierte Kommunikation (One-to-Many-Kommunikation) zu setzen, müssen sie sich dem Dialog mit den Anspruchsgruppen stellen und werden zu einem Kommunikator unter vielen (Many-to-Many-Kommunikation).[23] Zeitgleich gewinnt die Stimme des Individuums an Bedeutung. HEYMANN-REDER spricht in diesem Kontext von einer Demokratisierung des Internets.[24] Social Media trägt somit dazu bei, die Welt im Internet ein Stück enger zusammenzurücken und Grenzen – wie etwa zwischen Privatleben und Berufsleben – zu verwischen.

---

[19] Vgl. Hettler (2010) S. 16 f und Heymann-Reder (2011) S. 20
[20] Heymann-Reder (2011) S. 18
[21] Vgl. Petry; Schreckenbach (2010) S. 68
[22] In Anlehnung an Hettler (2010) S. 18 f
[23] Vgl. Ferber (2011)
[24] Vgl. Heymann-Reder (2011) S. 20

2.2. Employer Branding und Mitarbeitergewinnung

Das Konzept des Employer Branding, dem Aufbau einer unverwechselbaren Arbeitgebermarke[25], folgt dem Ansatz der Markenführung im Absatzmarketing. Die DEUTSCHE EMPLOYER BRANDING AKADEMIE liefert eine treffende Definition von Employer Branding:

> Employer Branding ist die identitätsbasierte, intern wie extern wirksame Entwicklung und Positionierung eines Unternehmens als glaubwürdiger und attraktiver Arbeitgeber. Kern des Employer Brandings ist immer eine die Unternehmensmarke spezifizierende oder adaptierende Arbeitgebermarkenstrategie. Entwicklung, Umsetzung und Messung dieser Strategie zielen unmittelbar auf die nachhaltige Optimierung von Mitarbeitergewinnung, Mitarbeiterbindung, Leistungsbereitschaft und Unternehmenskultur sowie die Verbesserung des Unternehmensimages. Mittelbar steigert Employer Branding außerdem Geschäftsergebnis sowie Markenwert.[26]

Der Aufbau einer konsistenten und attraktiven Arbeitgebermarke ist das Ziel der Markenbemühungen des Employer Branding.[27] Konsistenz ist dann gegeben, wenn Identität, angestrebtes Profil und das Image, das sich die Anspruchsgruppen gebildet haben, übereinstimmen und die Schnittmenge – in Abbildung 3 rechts visualisiert – möglichst groß ist.

Abbildung 3: Schaffung einer konsistenten Arbeitgebermarke durch Employer Branding[28]

Eine große Schnittmenge von Identität, Profil und Image ergibt sich genau dann, wenn das Employer Branding auf tatsächlich gelebten Werten und Normen aufbaut und das Angebot des Arbeitgebers an bestehende und potentielle Mitarbeiter ehrlich und transparent kommuniziert und selbst erlebt wird. Employer Branding muss somit zwei Aufgabengebie-

---

[25] Die Arbeitgebermarke stellt ein im Gedächtnis der umworbenen Fach- und Führungskräfte und der bestehenden Mitarbeiter verankertes, unverwechselbares Vorstellungsbild eines Arbeitgebers dar. Dieses Vorstellungsbild umfasst sowohl subjektiv relevante, personalpolitische Attraktivitätsmerkmale als auch entscheidungsrelevante Dimensionen wie Orientierung, Vertrauen und Identifikation. Vgl. Petkovic (2008) S.70 f
[26] Deutsche Employer Branding Akademie (Hrsg.) (2007) Nach Aussagen der Deutschen Employer Branding Akademie ist diese Definition heute die am häufigsten referenzierte. Sie findet Eingang in Fachliteratur, wissenschaftliche Arbeiten sowie in die betriebliche Praxis von Unternehmen.
[27] Vgl. Stotz; Wedel (2009) S. 8
[28] In Anlehnung an van Mossevelde; Araujo (2011)

te abdecken: Das interne Employer Branding adressiert die bestehenden Mitarbeiter, während sich das externe Employer Branding an die unternehmensexternen Anspruchsgruppen auf dem Arbeitsmarkt wendet.[29] Demnach kann die Verantwortlichkeit für Employer Branding nicht allein im Bereich Human Resources (HR) eines Unternehmens liegen, sondern muss Teil der strategischen Unternehmensführung sein – letztendlich handelt es sich um ein ganzheitliches Managementkonzept.[30] Effektives Employer Branding erfordert insbesondere die Mitwirkung von HR, Management, Business Development, Kommunikations- und Marketingbereich, Marktforschung und Kundendienst. Im Prinzip ist sogar jeder einzelne Unternehmensangehörige involviert und hat Einfluss auf die Arbeitgebermarke.[31] Nur wenn Mitarbeiter in das Employer Branding einbezogen werden, können sie sich mit der Arbeitgebermarke identifizieren und als positive Markenbotschafter gewonnen werden. Ihre Rolle als Botschafter verleiht ihnen eine Macht, die Unternehmen nicht unterschätzen dürfen: „Employees directly experience whether a company is delivering on its brand promise or not. Nothing will destroy a reputation in the labor market force faster than doing a great job advertising a work experience that isn't delivered."[32]

Um den Zusammenhang zwischen Employer Branding und Mitarbeitergewinnung aufzuzeigen, empfiehlt sich die Betrachtung der zu erfüllenden Funktionen sowie der in der Definition genannten Wirkungsbereiche. Diese sind in Abbildung 4 dargestellt.

Abbildung 4: Funktionen und Wirkungsbereiche des Employer Branding[33]

---

[29] Vgl. Stotz; Wedel (2009) S. 10 f
[30] Vgl. Petkovic (2008) S. 71
[31] Vgl. Mallett (2004b) und Minchington (2007) S. 20
[32] Mallett (2004b)
[33] In Anlehnung an Stotz; Wedel (2009) S. 29

Mitarbeitergewinnung ist neben Mitarbeiterbindung, Unternehmenskultur, Verbesserung des Unternehmensimages sowie Steigerung der Leistungsbereitschaft und des Geschäftserfolges ein Wirkungsbereich, auf den erfolgreiches Employer Branding abstrahlt. Während Mitarbeitergewinnung eher auf kurz- bis mittelfristigem Horizont betrachtet wird, ist Employer Branding auf strategischer Ebene angesiedelt und schafft langfristig Rahmenbedingungen, um in die genannten Bereiche zu wirken.[34] Im Wesentlichen kann die Mitarbeitergewinnung (englisch Recruiting) in die in Abbildung 5 dargestellten drei Phasen Aufmerksamkeit erzeugen, Aufmerksamkeit in Interesse umwandeln sowie Bewerbung generieren unterteilt werden. Nach der Gewinnung passender Mitarbeiter ist deren Bindung das nächste Ziel.[35]

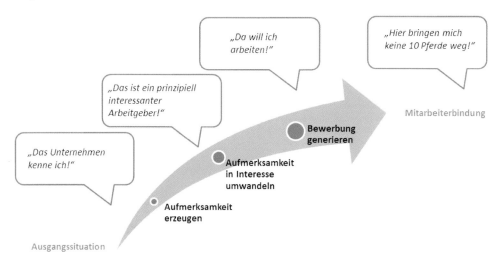

Abbildung 5: Phasen der Mitarbeitergewinnung nach KÜFFNER[36]

Im Vordergrund der Mitarbeitergewinnung darf jedoch nicht die Gewinnung von Top-Talenten, den sogenannten High Potentials stehen. Vielmehr ist es von Bedeutung, die Kandidaten für sich zu gewinnen, die zu Arbeitgeber und Unternehmenskultur passen: die Right Potentials. Welche Arbeitskräfte die passenden sind, lässt sich nicht pauschal beantworten, sondern muss individuell definiert werden.[37] Oder wie ROSETHORN ET AL. es formulieren: „different types of people are right for different types of companies."[38]

---

[34] Vgl. Parment (2009) S. 151
[35] Vgl. Küffner (2011) S. 7
[36] In Anlehnung an Küffner (2011) S. 7
[37] Vgl. Parment (2009) S. 152
[38] Rosethorn et al. (2007) S. 4

2.3. Nachwuchskräfte und Generation Y

Die Begriffe Nachwuchskräfte, Nachwuchs und Generation Y werden nachfolgend synonym verwendet. Dieser Personenkreis stellt die Arbeitskräfte von morgen dar. Während in der Fachliteratur weitestgehend Einigkeit darüber herrscht, dass der Generationswechsel zur Generation Y in etwa zu Beginn der 1980er stattfand, ist unklar, welche Geburtsjahrgänge dieser Generation zuordenbar sind. BERNAUER ET AL. definieren die Generation Y von 1981 bis 2000, die dann von der Internet-Generation i abgelöst wurde.[39] An anderer Stelle werden 1994 oder 2002 für diesen Generationswechsel genannt.[40] PARMENT vertrat im Jahr 2009 den Standpunkt, dass die Generation Y noch nicht abgelöst wurde und unklar ist, wann dies geschieht. Er weist zudem auf die Tatsache hin, dass das Geburtsdatum nicht allein entscheidend für die Generationszugehörigkeit ist. Konsumgewohnheiten und Wertevorstellungen ändern sich nicht mit einem Schlag zum Jahreswechsel.[41] Demnach ist es wichtiger, ein Gespür für die Generation Y und das, was sie antreibt, zu gewinnen, als vielmehr eine Zeitspanne zu definieren, in der Kinder dieser Generation geboren wurden.[42] Die Anhänger der Generation Y werden an dieser Stelle annäherungsweise als diejenigen Personen definiert, die in den 1980er und 1990er Jahren geboren wurden.

Häufig werden die Vertreter der Generation Y auch als Digital Natives bezeichnet, da sie mit dem Internet groß geworden sind. Für sie verschwimmen die Grenzen zwischen Online- und Offline-Leben. Klassische Medien verlieren ihre Bedeutung zugunsten der medialen Möglichkeiten des Web 2.0.[43] Während einige Anhänger der Generation Y bereits in das Berufsleben eingetreten sind, ist ein Großteil derzeit an Universitäten und Hochschulen immatrikuliert. Als zukünftige Arbeitskräfte ist der akademische Nachwuchs von der Hochschule nicht zuletzt aufgrund des demografischen Wandels eine wichtige Zielgruppe. Ein ganzheitlicher Employer-Branding-Ansatz erfordert die Integration aller Zielgruppen auf dem Arbeitsmarkt – Berufseinsteiger ebenso wie Young Professionals und erfahrene Fach- und Führungskräfte. Nachfolgend wird der Fokus jedoch ausschließlich auf Nachwuchskräfte gerichtet, die derzeit in der akademischen Ausbildung sind: Vollzeitstudierende an deutschen Universitäten und Hochschulen.

---

[39] Vgl. Bernauer et al. (2010) S. 37
[40] Vgl. Kennedy et al. (2007) S. 517 und Hesse (2011)
[41] Vgl. Parment (2009) S. 17
[42] Für weitere Ausführungen zum Generationswechsel und zur Generation Y siehe Kapitel 3.4.
[43] Vgl. Hilker (2010) S. 21

3. Aktuelle Entwicklungen auf dem Arbeitsmarkt und Herausforderungen für Arbeitgeber

Betrachtet man die Entwicklung des Arbeitsmarktes in den vergangenen Jahrzehnten, nahmen die Arbeitgeber eine dominierende Rolle ein. Arbeitskräfte waren ausreichend vorhanden, sodass sich Unternehmen ihre Mitarbeiter aussuchen konnten. Heute sehen sich Unternehmen mit einer vollkommen neuartigen Herausforderung konfrontiert: Bedingt durch den demografischen Wandel und die Globalisierung der Märkte stellt nicht mehr das Finanzkapital, sondern das Humankapital den Engpassfaktor dar. Die Entwicklung zur Wissensgesellschaft sowie der Generationswechsel zur Generation Y verschärfen die Problematik.[44] In diesem Zusammenhang lobten Personalexperten des Beratungsunternehmens McKinsey 1998 den War for Talent aus.[45]

Den akuten Handlungsbedarf erkannte der Ökonom Peter Ferdinand Drucker jedoch bereits zu Beginn der 1990er Jahre:

> Organizations have to market membership as much as they market products and services – and perhaps more. They have to attract people, hold people, recognize and reward people, motivate people, and serve and satisfy people.[46]

Die in Abbildung 6 visualisierten vier zentralen Einflussfaktoren auf den deutschen Arbeitsmarkt – demografischer Wandel, Globalisierung, Entwicklung zur Wissens- und Dienstleistungsgesellschaft sowie Generationswechsel – werden für ein besseres Verständnis nachfolgend erläutert.

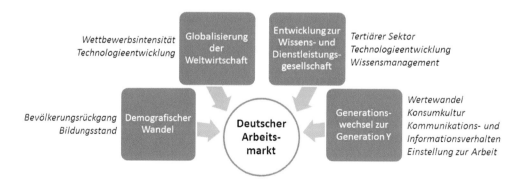

Abbildung 6: Einflussfaktoren auf den deutschen Arbeitsmarkt

---

[44] Vgl. Kirchgeorg (2005); Minchington (2007) S. 20 und Parment (2009) S. 51 f
[45] Vgl. Stotz; Wedel (2009) S. 43 und Sponheuer (2010) S. 8
[46] Drucker (1992) S. 100

3.1. Demografischer Wandel

Eine zentrale Herausforderung für deutsche Unternehmen stellt der fortschreitende demografische Wandel dar. Das STATISTISCHE BUNDESAMT kam im Rahmen der 12. koordinierten Bevölkerungsvorausberechnung zu folgendem zentralen Ergebnis: „Deutschlands Bevölkerung nimmt ab, seine Einwohner werden älter und es werden – auch wenn eine leicht steigende Geburtenhäufigkeit unterstellt wird – noch weniger Kinder geboren als heute."[47] Bereits seit dem Jahr 2003 schrumpft die Bevölkerung. Lebten Ende des Jahres 2008 noch etwa 82 Millionen Menschen in Deutschland, werden es 2060 nur noch 65 bis 70 Millionen sein. Aufgrund der niedrigen Geburtenhäufigkeit von 1,4 Kindern je Frau übersteigt die Anzahl der Todesfälle trotz steigender Lebenserwartung die der Neugeborenen. Dieses Geburtendefizit spiegelt sich auch in der sogenannten Bevölkerungspyramide wider. Ihre Entwicklung ist in Abbildung 7 zu sehen und zeigt anschaulich, dass der Vergleich mit einer Pyramide längst nicht mehr passend ist.[48] Das STATISTISCHE BUNDESAMT vergleicht das Abbild des heutigen Bevölkerungsaufbaus mit einer „zerzausten Wettertanne"[49].

Für Unternehmen haben diese Entwicklungen zur Konsequenz, dass die Gruppe an Personen im Erwerbsalter kleiner und älter wird. Sind heute knapp 50 Millionen in Deutschland im Erwerbsalter, wird diese Zahl in den kommenden zehn bis 20 Jahren um bis zu acht Millionen sinken.[50] Vorausberechnungen gehen davon aus, dass im Jahr 2050 die Hälfte der Deutschen über 50 Jahre alt sein wird. Vor diesem Hintergrund erschwert sich die Gewinnung junger Nachwuchskräfte aufgrund des steigenden Wettbewerbs auf dem Arbeitsmarkt. Gefragt sind neue Ansätze in der Personalarbeit, die den Anforderungen junger Talente gerecht werden und dem Stellenwert der sogenannten Aging Workforce – der alternden Belegschaft – Rechnung tragen.[51]

---

[47] Statistisches Bundesamt (Hrsg.) (2009) S. 11
[48] Vgl. Statistisches Bundesamt (Hrsg.) (2009) S. 12 f
[49] Statistisches Bundesamt (Hrsg.) (2009) S. 14
[50] Vgl. Statistisches Bundesamt (Hrsg.) (2009) S. 17
[51] Vgl. Stotz; Wedel (2009) S. 45

3. Aktuelle Entwicklungen auf dem Arbeitsmarkt und Herausforderungen für Arbeitgeber

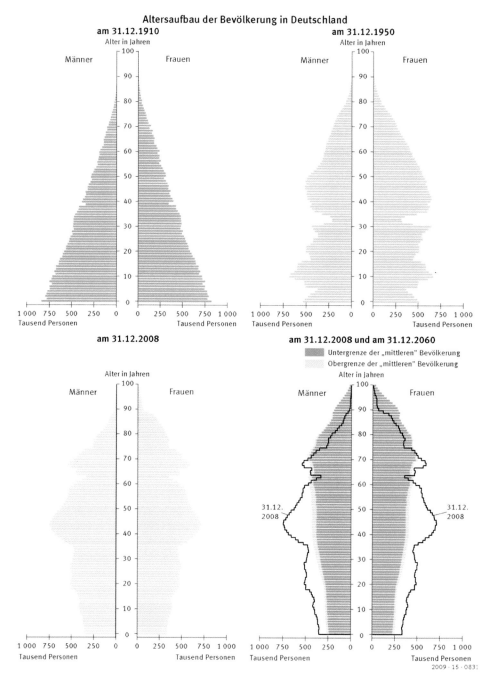

Abbildung 7: Altersaufbau der Bevölkerung in Deutschland von 1910 bis 2060[52]

---

[52] In Anlehnung an Statistisches Bundesamt (Hrsg.) (2009) S. 15

Auch bei Betrachtung der Bildungslandschaft in Deutschland werden die Auswirkungen des demografischen Wandels deutlich: Nachteilig auf den Mangel an qualifizierten Nachwuchskräften wirkt es sich aus, dass Deutschland gemessen an der Wirtschaftskraft im internationalen Vergleich unterdurchschnittlich in Bildung investiert.[53]

Während in der Zeit nach dem Zweiten Weltkrieg viele Frauen vergleichsweise früh Nachwuchs bekamen – man spricht von der Baby Boomer Generation, sind Frauen bei der Geburt ihrer Kinder heute deutlich älter. Immer mehr Frauen verschieben die Familiengründung auf die Zeit nach ihrem 30. Lebensjahr oder bleiben sogar lebenslang kinderlos.[54] Eine mögliche Erklärung hierfür könnte sein, dass die persönliche Karriereplanung Vorrang hat. Diese These würde der steigende Frauenanteil bei Studienabsolventen stützen: Seit dem Jahr 2005 ist die Hälfte der Absolventen deutscher Hochschulen weiblich, an Universitäten bilden die Absolventinnen mit 60 Prozent sogar die Mehrheit. Zudem brachten Untersuchungen des BUNDESMINISTERIUMS FÜR BILDUNG UND FORSCHUNG zum Vorschein, dass das Alter, in dem Frauen Kinder bekommen, von ihrem Abschluss abhängt: Je höher der erreichte Bildungsstand war, desto später kam auch der Nachwuchs zur Welt.[55] Neben innovativen Maßnahmen zur Nachwuchsgewinnung müssen Arbeitgeber folglich auch Anreize hinsichtlich Vereinbarkeit von Beruf und Familie schaffen, um junge Akademiker und insbesondere Akademikerinnen von sich zu überzeugen.

3.2. Globalisierung der Weltwirtschaft

Wenn Unternehmen Produkte und Dienstleistungen nicht mehr nur regional oder im Heimatland vertreiben, sondern weltweit agieren, wird auch die Konkurrenz international. Offene Märkte und globale Netzwerke prägen die Wirtschaft und verschärfen die Wettbewerbsintensität, der die Marktakteure ausgesetzt sind. Um erfolgreich zu wirtschaften, müssen Unternehmen sowohl passende Nachwuchskräfte gewinnen als auch bestehende Mitarbeiter langfristig binden.[56] Der globale Wettbewerb und die internationale Zusammenarbeit in (Partner-)Netzwerken erhöhen zugleich die Anforderungen an aktuelle und potentielle Mitarbeiter.[57] Insbesondere der akademische Nachwuchs orientiert sich nicht mehr nur auf dem deutschen Arbeitsmarkt, sondern sucht berufliche Entwicklungsmöglichkeiten auch bei Unternehmen im Ausland. Zeitgleich zieht es junge Akademiker aus

---

[53] Vgl. Autorengruppe Bildungsberichterstattung (Hrsg.) (2010) S. 5 f
[54] Vgl. Statistisches Bundesamt (Hrsg.) (2009) S. 23 ff.
[55] Vgl. Autorengruppe Bildungsberichterstattung (Hrsg.) (2010) S. 10 f und 18
[56] Vgl. Villbrandt (2011)
[57] Vgl. Huber (2010) S. 89 f

anderen Ländern nach Deutschland. Unternehmen stehen demnach nicht nur mit Anbietern verwandter Produkte oder Dienstleistungen im internationalen Wettbewerb, sondern auch mit Arbeitgebern, die ähnliche Anforderungsprofile an Mitarbeiter stellen: die Intensität des Wettbewerbs auf Absatz- und Arbeitsmarkt nimmt zu.[58]

Der technologische Fortschritt ermöglicht neue Geschäftsmodelle und trägt zur Rationalisierung von Arbeitsprozessen bei. Zeitgleich wird die Zusammenarbeit mit Partnerunternehmen an entfernten Standorten – beispielsweise bei Outsourcing oder der Produktion in Niedriglohnländern – aufgrund neuer Kommunikationstechnologien einfacher. Zudem sinkt durch die Verlagerung intensiver Produktionsprozesse ins Ausland der Bedarf an weniger qualifizierten Arbeitskräften in Deutschland. STOTZ; WEDEL räumen in diesem Zusammenhang ein, dass auch der Bedarf an Führungskräften durch die Entwicklung neuer Managementtools und durch die Integration neuer Technologien möglicherweise reduziert werden kann.[59] Hier ist jedoch kritisch anzumerken, dass die Nachfrage nach Fach- und Führungskräften mit entsprechender Fach-, Methoden- und Sozialkompetenz tendenziell eher steigt, da in einem Zeitalter von immer kürzer werdenden Produktlebenszyklen neue Technologien erlernt und beherrscht sowie komplexe Koordinations- und Managementfunktionen übernommen werden müssen.

3.3. Entwicklung zur Wissens- und Dienstleistungsgesellschaft

Durch die Globalisierung der Märkte wird es für Unternehmen zunehmend lohnenswerter, arbeitsintensive Produktionsprozesse ins Ausland zu verlagern. Folge dessen ist eine Verschiebung in Deutschland von der Industrie- zur Wissensgesellschaft: Statt standardisierter Massenprodukte sind nun qualitativ hochwertige, kundenindividuelle Einzellösungen und entsprechende Serviceleistungen gefragt. Wertschöpfend sind nicht mehr die arbeitsintensiven, sondern die wissensintensiven Branchen.[60] Durch diese Verschiebung gewinnt die „Organisation sozialer Beziehungen – vor allem durch wissens- und kommunikationsintensive Dienstleistungen"[61] – an Bedeutung. Betrachtet man diese Entwicklung vor dem Hintergrund der aus der Volkswirtschaft entstammenden Drei-Sektoren-Theorie, verlieren Landwirtschaft (Primärer Sektor) sowie Industrie (Sekundärer Sektor) an Bedeutung. Der

---

[58] Vgl. Stotz; Wedel (2009) S. 46 und Villbrandt (2011)
[59] Vgl. Stotz; Wedel (2009) S. 46
[60] Vgl. Heidenreich; Töpsch (1998) S. 16 und Stotz; Wedel (2009) S. 45
[61] Heidenreich; Töpsch (1998) S. 14

wachstumsstarke Bereich der Dienstleistungen (Tertiärer Sektor) prägt heute die deutsche Wirtschaft, weshalb von einer Dienstleistungsgesellschaft gesprochen wird.[62]

Während Arbeitsplätze für geringer Qualifizierte wegfallen, entstehen neue, innovationsorientierte Tätigkeiten, die eine höhere Qualifikation erfordern.[63] Diese Entwicklung hat zur Folge, dass höhere Anforderungen an die individuellen Fähigkeiten und Kompetenzen der Arbeitskräfte gestellt werden. In einem Zeitalter, in dem sich alle fünf bis zwölf Jahre das Wissen der Menschheit verdoppelt, verlangen Unternehmen von ihren Arbeitskräften, nicht nur viel zu wissen, sondern auch kontinuierlich Neues zu lernen und dieses Wissen zu managen sowie zu teilen.[64] Im Gegenzug steigen die Forderungen der Arbeitnehmer nach flexiblen Arbeitszeitmodellen, leistungsorientierten Vergütungssystemen und Entscheidungsbefugnissen.[65]

Der Entwicklung zu einer Wissens- und Dienstleistungsgesellschaft trägt auch die von Bundesregierung und Wirtschaft im Jahr 2005 gegründete Initiative DEUTSCHLAND – LAND DER IDEEN Rechnung, die Raum für Innovation und Erfindergeist schaffen will.[66]

3.4. Generationswechsel zur Generation Y

Einen Großteil der heutigen Arbeitskräfte stellen die Jahrgänge 1950 bis 1970. Bereits dieser Zeitraum kann in zwei Generationen unterteilt werden: die Baby Boomers (Geburtsjahrgänge 1946 bis 1964) sowie die Generation X (1965 bis 1979). Beide Generationen sind nicht mit dem Internet aufgewachsen.[67] Nach und nach strömt nun die Generation Y von Deutschlands Hochschulen und Universitäten auf den Arbeitsmarkt und verändert diesen. Sie unterscheidet sich erheblich von ihren Vorgängergenerationen hinsichtlich Informations- und Kommunikationsverhalten, Konsumkultur und ihrer Einstellung zur Arbeit. In den nachfolgenden drei Unterkapiteln werden diese – für die Generation Y charakteristischen – Entwicklungen skizziert. Eine Abgrenzung der Generationen untereinander und ihren Einstellungen zu Arbeit und Internet ermöglicht Abbildung 8.

---

[62] Vgl. Burr; Stephan (2006) S. 35
[63] Vgl. Heidenreich; Töpsch (1998) S. 41
[64] Vgl. Villbrandt (2011)
[65] Heidenreich; Töpsch (1998) S. 24
[66] Vgl. Initiative Deutschland (Hrsg.) (o. J.) Der Name der Initiative ist auf Horst Köhler zurückzuführen. In seiner Antrittsrede als Bundespräsident beschrieb er 2004 Deutschland als Land der Ideen.
[67] Vgl. Bernauer et al. (2011) S. 36 f

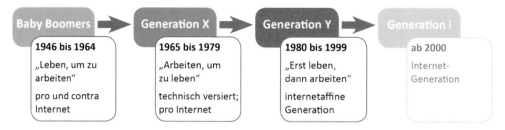

Abbildung 8: Generationswechsel[68]

Mit dem Wechsel der Generationen wandelt sich auch das Werteverständnis: Frühere Generationen legten sehr viel Wert auf Sicherheit im Privat- und Berufsleben. Der Nachwuchs von heute ist risikoaffiner und flexibler – und erwartet diese Flexibilität auch von seinem Arbeitgeber. Flexible Arbeitszeiten und Gestaltungsräume werden ebenso selbstverständlich eingefordert wie der Einsatz von neuesten Technologien im beruflichen Umfeld. Unternehmen, deren Führungskräfte zumeist den Baby Boomers oder der Generation X angehören, müssen zunächst ein grundlegendes Verständnis für die neue Generation entwickeln, um Mitarbeiter gewinnen und langfristig binden zu können.[69]

3.4.1. Informations- und Kommunikationsverhalten

> Constantly connected to information and each other, students don't just consume information. They create – and re-create – it. With a do-it-yourself, open source approach to material, students often take existing material, add their own touches, and republish it. Bypassing traditional authory channels, self-publishing – in print, image, video or audio – is common. Access and exchange of information is nearly instantaneous.[70]

LORENZO ET AL. charakterisieren das Informations- und Kommunikationsverhalten der Generation Y und fassen zentrale Aspekte zusammen: Das Internet wird zum Leitmedium des Nachwuchses und das Web 2.0 wird den klassischen Medien anscheinend bevorzugt. Es eröffnet neue Möglichkeiten, sich in einer hohen Geschwindigkeit mit anderen Menschen zu vernetzen, sowie Inhalte zu erstellen, zu verändern und zu teilen. Für die Generation Y, die mit der Internettechnologie groß geworden ist, stellt das Internet mehr als einen Kommunikationskanal dar und es erweitert die Realität um eine Art virtuellen Lebensraum im Web.[71] Als Informationsquelle ist das Internet aus dem Leben des Nachwuchses nicht mehr wegzudenken: So ist die Gruppe der 14- bis 29-Jährigen nahezu vollständig online.

---

[68] Vgl. Bernauer et al. (2011) S. 37 und Hesse (2011)
[69] Vgl. Villbrandt (2011)
[70] Lorenzo et al. (2007) S. 2
[71] Vgl. Hilker (2010) S. 21

Die 20- bis 29-Jährigen verbringen täglich im Durchschnitt 175 Minuten im Internet. Gemäß der ARD/ZDF-ONLINESTUDIE heißt die Entscheidung für das Internet in der Konsequenz aber keine abnehmende Nutzung der klassischen Medien. Die Studie kommt zu dem Ergebnis, dass die Nutzung von TV und Radio weiter konstant bleibt, was auf die parallele Nutzung von Internet, TV und Radio hinweist. Um aktuelle Nachrichten zu verfolgen, präferiert die Generation Y jedoch statt der Printausgabe einer Zeitung die digitale Variante.[72]

Die Features des Web 2.0 und insbesondere soziale Netzwerke erfreuen sich großer Beliebtheit bei jüngeren Onlinern, während die E-Mail-Kommunikation an Bedeutung verliert. Eine Analyse des Nutzungsverhaltens im Web zeigt, dass Kommunikation die häufigste Aktivität ist – hierzu wird neben E-Mails insbesondere auf soziale Netzwerke und Foren zurückgegriffen. Der zweitgrößte Anteil entfällt auf die Suche nach Informationen. Insgesamt ist ein geschlechterspezifisches Verhalten im Internet zu beobachten: Männer sind aktiver und veröffentlichen häufiger Videos auf entsprechenden Plattformen, bloggen oder kommentieren Beiträge anderer Nutzer. Fast 90 Prozent aller Wikipedia-Einträge wurden von Männern verfasst. Auch Bildung und Alter prägen das Verhalten im Web: Jüngere sowie besser gebildete Personen sind aktiver und schaffen häufiger Inhalte als ältere oder schlechter gebildete Personen.[73]

Es verwundert nicht, dass auch Unternehmen die Plattformen aufsuchen, auf denen sich der akademische Nachwuchs tummelt, um mit ihnen ins Gespräch zu kommen und um neue Mitarbeiter zu gewinnen. Doch messbare und vor allem vorzeigbare Ergebnisse für die Mitarbeitergewinnung im Web 2.0 kann kaum ein Unternehmen vorweisen.[74] So schafften es soziale Netzwerke bei einer Befragung durch BBDO CONSULTING nicht in die Top 10 Informationsquellen über potentielle Arbeitgeber. Internetrecherche, Karrierewebsites der Unternehmen sowie Empfehlungen aus dem eigenen Netzwerk belegen die vorderen Plätze.[75] Zu ähnlichen Ergebnissen kam auch eine Studie des Marktforschungsinstituts NIELSEN: Insbesondere den Empfehlungen von Bekannten, Konsumentenbewertungen sowie Markenwebsites wird im Internet großes Vertrauen entgegengebracht. Suchmaschinenergebnisse und Werbebanner genießen dagegen deutlich weniger Vertrauen.[76]

Die kontinuierlich steigende Informationsflut, die mit der fortschreitenden technischen Entwicklung einhergeht, gehört für die Generation Y zum Alltag. Sie lebt „in einer vernetz-

---

[72] Vgl. van Eimeren; Frees (2011) S. 336 und 343 ff.
[73] van Eimeren; Frees (2011) S. 337 ff.
[74] Vgl. Petry; Schreckenbach (2010) S. 69 f
[75] Vgl. Bernauer et al. (2011) S. 47
[76] Vgl. Grabs; Bannour (2011) S. 24

ten Welt mit Kommunikation rund um die Uhr und mit fast uneingeschränktem Zugang zu virtuellen Welten und sozialen Netzwerken"[77], was dazu führt, dass die Faktoren Geschwindigkeit und Kollaboration das Informations- und Kommunikationsverhalten prägen: Der Nachwuchs favorisiert offene Kommunikation und ist es gewohnt, schnelle Kommunikationskanäle zu nutzen sowie gemeinsam Inhalte zu kreieren, zu verbessern und zu verbreiten. Mit der zunehmenden Verbreitung der Breitbandnetze werden auch vom Kommunikationspartner schnelle Beiträge und Entscheidungen erwartet. Wer mit diesem Tempo nicht Schritt hält, fällt auf.[78] Für Unternehmen stellt die enorme Geschwindigkeit der Kommunikation Chance und Risiko zugleich dar, denn noch nie haben sich sowohl gute als auch schlechte Nachrichten – sogar länderübergreifend – so schnell verbreitet.[79]

3.4.2. Konsumkultur

Aufgewachsen mit dem Internet und ständig neuen Produkten, ist es für die Generation Y üblich, neue Dinge zu probieren und Vorreiter in der Nutzung neuer Technologien zu sein. Die kontinuierliche Weiterentwicklung und der technologische Fortschritt sind für sie selbstverständlich. Der Trend weg von Massenproduktionen hin zur Individualisierung führt dazu, dass der Nachwuchs Wahlmöglichkeiten erwartet und Produkte nachfragt, die auf seine Bedürfnisse zugeschnitten sind.[80]

PARMENT vertritt in diesem Kontext die Theorie, dass die zunehmenden Wahlmöglichkeiten zu einer Verstärkung des Individualismus führen. Die einzelne Person wird aufgrund der zahlreichen Alternativen anspruchsvoller und hat die Chance, durch gezielte Kaufentscheidungen Präferenzen zu setzen. Dies wiederum führt zu einer individuellen Profilierung durch Konsum. Ob bei der Urlaubsplanung, beim Kauf neuer Elektrogeräte oder bei der Auswahl der Freizeitgestaltung – die verwöhnte Generation Y ist mit einem hohen Lebensstandard groß geworden und erwartet die aus dem privaten Umfeld gewohnte Flexibilität und Entscheidungsfreiheit auch im Erwachsenendasein und im Beruf. Mit einer steigenden Anzahl an Alternativen und dem durch das Internet einfachen Zugang zu Informationen steigt die Transparenz der Märkte, deren Vorzüge die Generation Y zu schätzen weiß. Gleichzeitig sinkt in dieser neuen Konsumkultur die Markenloyalität. Es geht nicht mehr darum, bewährte Produkte zu kaufen, sondern durch Vergleichen und persönliche Emp-

---

[77] Parment (2009) S. 21
[78] Vgl. Bernauer et al. (2011) S. 38 f
[79] Vgl. Minchington (2007) S. 21
[80] Vgl. Bernauer et al. (2011) S. 38 f

fehlungen die beste Wahl zu treffen. Jeder Kauf und jede flexibel getroffene Entscheidung bergen das Potential, neue Wege zu gehen und wertvolle Erfahrungen zu generieren.[81]

3.4.3. Einstellung zur Arbeit

Die Generation Y verfügt über eine gänzlich andere Arbeitsmoral als ihre Vorgängergenerationen. Während für die Baby Boomers Arbeit zum Lebenszweck wurde, definierte die Generation X Arbeit als Mittel zum Zweck (vgl. Abbildung 8). Das Credo ‚Erst leben, dann arbeiten' beschreibt die Einstellung der heutigen Nachwuchskräfte treffend. Die naheliegende Vermutung, die Generation Y sei faul, täuscht: Der akademische Nachwuchs von heute ist durchaus gewillt, hart zu arbeiten, legt aber gleichzeitig Wert auf seine Work-Life-Balance und stellt neue Anforderungen an Arbeitgeber.[82] Statt Dienstwagen und hoher Gehälter stehen flexible Regelungen zu Arbeitszeit und -ort sowie Freiräume zur kreativen Arbeit in der Gunst der jungen Arbeitskräfte. Nicht nur in der Kommunikation mit Kollegen oder Gleichgesinnten, sondern auch mit Vorgesetzten, werden Ansprüche und Forderungen direkter formuliert.[83]

Bei der Entscheidung für oder gegen einen Arbeitgeber sind weiche Faktoren maßgeblich entscheidend: Arbeitgeber müssen dem Nachwuchs beweisen, dass bei ihnen das Arbeiten Spaß macht – gefragt ist die „emotionale Attraktivität"[84] des Arbeitgebers. Außerdem hat der Nachwuchs genaue Vorstellungen von einer zu ihm passenden Unternehmenskultur und fordert die Übernahme von Verantwortung durch Unternehmen ein. Nicht mehr das Maximieren von Gewinnen, sondern das ethisch und moralisch korrekte Verhalten gegenüber seinen Anspruchsgruppen macht einen Arbeitgeber attraktiv.[85]

Die in Kapitel 3.4.2. thematisierte neue Konsumkultur erstreckt sich nicht nur auf Produkte des Alltags, sondern auch auf die Einstellung zur Arbeit. Auch im Beruf streben die Anhänger der Generation Y nach neuen Erfahrungen und genießen gegebene Wahlmöglichkeiten: Sie wollen zahlreiche Unternehmen, Branchen und Länder kennenlernen und entwickeln so ein „eher konsumorientiertes Verhältnis zur Arbeit"[86]. Die sinkende Arbeitgeberloyalität der jungen Mitarbeiter wird zu einer immer größeren Herausforderung für Arbeitgeber: Ein neuer Job nach zwei oder drei Jahren ist keine Seltenheit mehr und demonstriert einen breiten Erfahrungsschatz sowie eine gewisse Arbeitswechselfähigkeit.

---

[81] Vgl. Parment (2009) S. 39 und S. 45 f
[82] Vgl. Hesse (2011)
[83] Vgl. Parment (2009) S. 39 und 76
[84] Parment (2009) S. 56
[85] Vgl. Hesse (2011)
[86] Parment (2009) S. 28

Dies führt dazu, dass das persönliche Netzwerk – ob online oder offline gepflegt – ein im Rahmen eines Arbeitsverhältnisses aufgebautes Netzwerk überdauert und die Vernetzung außerhalb des Arbeitsplatzes an Bedeutung gewinnt.[87]

3.5. Notwendigkeit des Employer Branding

Die vorherigen Kapitel skizzieren die aktuellen Entwicklungen auf dem Arbeitsmarkt und zeigen deutlichen Handlungsbedarf für Unternehmen bei der Nachwuchsgewinnung auf: Es sind häufig nicht mehr die Arbeitgeber, die sich passende Kandidaten aussuchen können, denn die Entscheidungshoheit liegt zunehmend auf Seiten der Bewerber. Sie entscheiden sich für das zur eigenen Einstellung und Lebenslage passendste Angebot – eine Entwicklung, die sich in den kommenden Jahren weiter verschärfen wird.[88] So kann die Besetzung einer Stelle mit dem passenden Kandidaten Kosten in Höhe von bis zu mehreren Zehntausend Euro verursachen.[89]

Erst das Verinnerlichen, dass Mitarbeiter als Leistungsträger einen zentralen Erfolgsfaktor einer Organisation darstellen, macht nicht nur ein Umdenken in der klassischen Personalarbeit möglich, sondern gibt auch den Mut, das eigene Profil als Arbeitgeber zu reflektieren und sich auf den Nachwuchs einzulassen. MALLETT charakterisiert ein Unternehmen, das hinsichtlich Nachwuchsgewinnung und Mitarbeiterbildung erfolgreich ist, wie folgt: „an organization that includes the social dimension of their workforce as an attribute of their success"[90]. Arbeitgeber müssen erkennen, dass Menschen neben Marken das wichtigste Kapital eines Unternehmens darstellen und einen positiven Einfluss auf den Unternehmenswert haben.[91]

Hier knüpft der Kerngedanke des Employer Branding an: Eine starke Arbeitgebermarke schafft Differenzierung in einem Markt, der sich vom Arbeitgeber- zum Arbeitnehmermarkt entwickelt. Die Entwicklung und Positionierung eines Unternehmens als glaubwürdiger und attraktiver Arbeitgeber – wie es eingangs in Kapitel 2.2. hieß – muss immer bei einem Unternehmen selbst und dessen Mitarbeitern beginnen. Es reicht nicht mehr aus, kurzfristig generische Maßnahmen wie eine neue Anzeigenkampagne oder die Teilnahme an einem Arbeitgeberwettbewerb umzusetzen.[92] Vielmehr müssen Arbeitgeber die Lang-

---

[87] Vgl. Parment (2009) S. 27 ff.
[88] Vgl. Petry; Schreckenbach (2010) S. 68
[89] Vgl. Parment (2009) S. 88
[90] Mallett (2004a)
[91] Vgl. Sponheuer (2010) S. 1
[92] Vgl. Bernauer et al. (2011) S. 163

fristigkeit von Employer Branding begreifen: „Employer branding is not a project or a programme. Nor is it a rush to freshen up your recruitment advertising. It's a way of business life."[93] Am Anfang der Employer-Branding-Überlegungen stehen immer die Unternehmenskultur sowie die derzeitigen und künftigen Mitarbeiter. Ein Arbeitgeber muss Antworten auf die Frage nach der eigenen Identität, dem Profil und dem Image finden: Wer bin ich? Wie werde ich wahrgenommen? Wie möchte ich als Arbeitgeber sein? Eine ebenfalls wichtige Frage lautet: Wie sollen meine Mitarbeiter sein?

In der anfänglichen Diskussion um Employer Branding war häufig die Rede von den sogenannten High Potentials, die es zu gewinnen und zu binden galt. Inzwischen hält die Erkenntnis Einzug, dass es nicht um die besten Talente geht, sondern um diejenigen Kandidaten, die zu einem Unternehmen und dessen Arbeitsumfeld sowie Wertvorstellungen passen. Nicht mehr die High Potentials, sondern die Right Potentials sind es, die im Rahmen der Nachwuchsgewinnung angesprochen werden müssen.[94] Umso wichtiger ist es, als Arbeitgeber ein klares und vor allem authentisches Auftreten – und somit eine große Überschneidung von Identität, Profil und Image – zu schaffen. Dies ist die Basis für alle weiteren Employer-Branding-Aktivitäten.

Aktuelle Literatur zeigt, dass für die anvisierte junge Zielgruppe bei der Arbeitgeberwahl insbesondere weiche Faktoren entscheidungsrelevant sind. Es ist durchaus realistisch, dass ein Arbeitgeber gewählt wird, der zwar ein niedriges Gehalt zahlt, aber dem Bewerber die zuvor genannte Attraktivität auf emotionaler Ebene (vgl. Kapitel 3.4.3.) und damit ein Wohlfühl-Gefühl bieten kann.[95] Ein Arbeitgeber muss sich bewusst machen, welche harten und weichen Faktoren ihn auszeichnen und welche haltbaren Versprechen er den bestehenden Mitarbeitern und den gewünschten Zielgruppen auf dem Arbeitsmarkt geben kann.

Dann kann es gelingen, die Phasen der Mitarbeitergewinnung erfolgreich zu durchlaufen: Schaffung von Aufmerksamkeit bei der angestrebten Zielgruppe, Umwandlung der Aufmerksamkeit in Interesse und Generierung von Bewerbungen passender Kandidaten.[96]

Um Right Potentials von sich zu überzeugen, müssen sich Arbeitgeber auch dafür öffnen, neue Wege in der Kommunikation mit den zukünftigen Arbeitskräften zu gehen. Es gilt, die junge Zielgruppe dort abzuholen, wo sie sich aufhält. Aufbauend auf einer starken und glaubwürdigen Arbeitgebermarke sind es innovative Kommunikationskonzepte für die

---

[93] Rosethorn et al. (2007) S. 6
[94] Vgl. Rosethorn et al. (2007) S. 4 und Sponheuer (2010) S. 9
[95] Vgl. Parment (2009) S. 56
[96] Vgl. Küffner (2011) S. 7

Mitarbeitergewinnung, die dazu beitragen, den Bedarf an Nachwuchskräften zu decken.[97] Web 2.0 und insbesondere Social Media bieten zahlreiche Möglichkeiten, den Kontakt zwischen Arbeitgeber und künftigen Bewerbern herzustellen und mit ihnen auf Augenhöhe zu kommunizieren. Die neue Internettechnologie ermöglicht es nicht zuletzt auch Hidden Champions aus dem Mittelstand, die passenden Talente persönlich anzusprechen und sich gegenüber Großunternehmen und Konzernen zu behaupten.[98]

---

[97] Vgl. Stotz; Wedel (2009) S. 49
[98] Vgl. Bernauer et al. (2011) S. 161

4. Nutzung des Web 2.0 für die Nachwuchsgewinnung

Immer mehr Unternehmen setzen sich mit den Chancen und Risiken des Web 2.0 und von Social Media auseinander und integrieren neue Kanäle in ihre Kommunikationsstrategie. Eine Studie der Karriereplattform TALENTIAL brachte 2010 hervor, dass mit 84 Prozent das am häufigsten mit Social Media verfolgte Ziel die Bekanntheitssteigerung des Unternehmens ist. Weiter gaben die befragten Unternehmen an, Social Media insbesondere im Rahmen des Employer Branding einzusetzen. So belegen die Mitarbeitergewinnung (67 Prozent) und der Aufbau einer Arbeitgebermarke (62 Prozent) die Plätze zwei und drei der am häufigsten verfolgten Ziele.[99] Prinzipiell sind verschiedene Einsatzzwecke von Web-2.0-Features für Unternehmen denkbar. Diese lassen sich in sieben, in Abbildung 9 dargestellte, Themengebiete unterteilen.

Abbildung 9: Mit dem Einsatz von Web 2.0 und Social Media verfolgte Ziele

Neben den Zielen Steigerung der Bekanntheit und Employer Branding kann das Web 2.0 auch für Reputationsmarketing, Produktmarketing, Kundenakquise und Kundenbindung, Marktforschung und Crowdsourcing sowie für die Suchmaschinenoptimierung wertschöpfend sein.[100] Der häufige Einsatz von Web 2.0 und Social Media für die Mitarbeitergewinnung und -bindung lässt die Frage aufkommen, mit welchen Stärken die neuen Kommunikationskanäle aufwarten und welche Chancen sie bieten. Hierauf geben die Unterkapitel von Kapitel 4 Antworten.

4.1. Stärken von Web 2.0 und Social Media

Unabhängig vom Einsatzzweck von Web 2.0 und Social Media können zentrale Stärken identifiziert werden, die maßgeblich aus der Many-to-Many-Kommunikation resultieren:

Noch nie war es so einfach, dass viele Personen gleichzeitig ein Gespräch mit einem Unternehmen führen, diskutieren und Fragen stellen können. Die hohe Dialogorientierung ist charakteristisch für das Web 2.0 und versetzt die Unternehmen in die Lage, den kommunikativen Austausch mit ihren Anspruchsgruppen zu verbessern. Ein Beispiel ist die Umset-

---

[99] Vgl. Petry (2010) S. 19
[100] Vgl. Petry (2010) S. 21 und Heymann-Reder (2011) S. 21 f

zung eines Services für Kunden oder Bewerber via Blog, Forum oder Twitter: Fragen können durch einen Mitarbeiter der jeweiligen Fachabteilung beantwortet werden und die öffentlich zugänglichen Antworten stehen Kunden mit ähnlichen Anliegen zu jeder Zeit zur Verfügung.[101]

Zudem ermöglichen Web 2.0 und Social Media virales Marketing, also digitale Mundpropaganda, wie kaum ein anderer Kommunikationskanal: Stellt ein Unternehmen im Web 2.0 interessante und überzeugende Inhalte bereit oder verfügt über Sympathisanten, die positive Inhalte über das Unternehmen erstellen, kann in kürzester Zeit eine breite Masse erreicht werden. Weil Beiträge ohne geringen Aufwand an das eigene Netzwerk weitergeleitet werden können – sei es in Form des Teilens bei Facebook oder eines Re-Tweets bei Twitter – wird durch das Schneeballprinzip eine ungeahnte Reichweite möglich.[102]

Eng mit dem viralen Marketing ist die Stärke der einfachen Integration von Markenbotschaftern verbunden. Wenn ein Arbeitgeber es schafft, Kunden und Mitarbeiter in Fans der Marke zu konvertieren und als Markenbotschafter gewinnen zu können, profitiert er von Empfehlungen und Bewertungen, die an das persönliche Netzwerk weitergegeben oder in Bewertungsportalen veröffentlicht werden.[103]

Das Web 2.0 schafft sehr gute Rahmenbedingungen für die Kollaboration – sowohl innerhalb einer Organisation als auch über die Unternehmensgrenzen hinaus. Durch die Vereinfachung von Austausch und Zusammenarbeit sind Unternehmen viel näher an den Wünschen und Bedürfnissen ihrer Anspruchsgruppen. Gemeinsam können Ideen entwickelt und Projekte organisiert werden. Ob firmeninterne Plattformen für das Wissensmanagement oder öffentlich zugängliche Ideenwerkstatt – erst durch die Features des Web 2.0 können sich Unternehmen die kollektive Intelligenz zunutze machen.[104]

Als fünfte Stärke ist zu nennen, dass Web 2.0 und Social Media hervorragende Feedbackmöglichkeiten bieten. Enttäuschung oder Unzufriedenheit von Kunden blieben dem betroffenen Unternehmen bislang häufig verborgen. Wenn ein Konsument aber auf Bewertungsportale, Foren oder soziale Netzwerke zurückgreift, werden diese Äußerungen öffentlich. Verfolgt ein Unternehmen Gespräche und Äußerungen über sich oder seine

---

[101] Vgl. Hettler (2010) S. 255 und Heymann-Reder (2011) S. 32 f
[102] Vgl. Grabs; Bannour (2011) S. 85 und Heymann-Reder (2011) S. 31
[103] Vgl. Heymann-Reder (2011) S. 22 und 33 f
[104] Vgl. Grabs; Bannour (2011) S. 393 ff. Kollektive Intelligenz – auch bekannt als Schwarmintelligenz – bezeichnet die Idee, dass Gruppen klüger sind als Einzelpersonen.

Produkte im Internet, können Web 2.0 und Social Media als Indikatoren für Kritik und Unzufriedenheit fungieren.[105]

Diese Stärken von Web 2.0 und Social Media lassen sich bezogen auf die Mitarbeitergewinnung junger Nachwuchskräfte weiter konkretisieren, was in Abbildung 10 dargestellt wird.

Abbildung 10: Stärken von Web 2.0 und Social Media allgemein und in Bezug auf Mitarbeitergewinnung

Arbeitgeber begegnen dem Nachwuchs genau dort, wo er sich ohnehin bereits aufhält: im Internet. Mit personalisierten Botschaften in der Sprache der Zielgruppe können sie einen Kontakt auf Augenhöhe herstellen.[106] PETER KÖRNER, Leiter der Personalentwicklung der DEUTSCHEN TELEKOM, hob in einem Interview als zentrale Stärke von Social Media hervor, dass es möglich wird, sich in den Erlebniswelten der jungen Zielgruppe zu bewegen: Man gewinne den persönlichen Zugang zu den Nutzern, indem man nicht nur als Ansprechpartner zum Thema Berufseinstieg werde, sondern auch aktuelle Geschehnisse wie Fußball-Weltmeisterschaft oder Eurovision Song Contest in der Kommunikation aufgreife.[107]

Wenn es gelingt, Menschen in den Mittelpunkt der Kommunikation zu rücken und wenn Mitarbeiter eines Unternehmens auf persönlicher Ebene mit Interessenten sprechen, senkt sich für Nachwuchskräfte die Hemmschwelle, den Kontakt aufzunehmen. Da sie sich auf einer vertrauten Plattform bewegen, ist die Atmosphäre wesentlich entspannter und das Gespräch unbefangener als in einem Vorstellungsgespräch. Der Interessent wird eben nicht mehr bei seinem potentiellen Arbeitgeber vorstellig, sondern kann sich im Vorfeld einen ersten Eindruck von Arbeitsklima und Miteinander verschaffen.[108]

---

[105] Vgl. Hettler (2010) S. 255 und Grabs; Bannour (2011) S. 32 f
[106] Vgl. Bernauer et al. (2010) S. 26
[107] Vgl. Hilker (2010) S. 137
[108] Vgl. Heymann-Reder (2011) S. 38 f

Eine weitere Stärke – und zugleich auch Gefahr – für die Mitarbeitergewinnung liegt in der Vermittlung authentischer Informationen. Dabei spielt der menschliche Faktor eine zentrale Rolle: Die bestehenden Mitarbeiter eines Unternehmens müssen in die Kommunikation im Internet eingebunden werden und tragen maßgeblich zur Imagebildung bei – sei es in eine positive oder negative Richtung. Voraussetzung für eine positive Erfüllung ihrer Rolle als Markenbotschafter ist, dass sie sich mit der Arbeitgebermarke identifizieren können. Äußerungen im privaten Umfeld oder negative Kommentare in Arbeitgeber-Bewertungsportalen durch unzufriedene Mitarbeiter können verheerende Auswirkungen auf die Mitarbeitergewinnung haben. Schnell wird enttarnt, wenn ein Arbeitgeber im Web widersprüchliche Informationen gibt und Qualitäten anpreist, die er nicht besitzt.[109]

Die Betrachtung der Stärken von Web 2.0 und Social Media zeigt zwei Dinge deutlich: Zum einen ist der Zugang zum Nachwuchs im Internet prinzipiell allen Arbeitgebern geöffnet. Es geht nicht mehr um Unternehmensgröße oder Bekanntheit, sondern schlichtweg um Emotionen, die in sozialen Netzwerken sehr gut übertragen werden können: Profitieren wird der Arbeitgeber, der die „berufliche Leidenschaft der Zielgruppe"[110] anspricht und weiter entfacht. Zum anderen werden Glaubwürdigkeit, Transparenz und Vertrauen zu den Erfolgsfaktoren der Mitarbeitergewinnung im Web 2.0: Nur wenn einem Bewerber in sich konsistente Informationen zu einem für ihn interessanten Arbeitgeber vorliegen, kann dies zu einer erfolgversprechenden Beziehung zwischen Arbeitnehmer und Arbeitgeber führen.

4.2. Neue Kommunikationsregeln für Unternehmen

Will ein Arbeitgeber die Stärken von Web 2.0 und Social Media gezielt für die Gewinnung von Nachwuchskräften einsetzen, muss er sich bewusst machen, dass sich die Kommunikation mit der Zielgruppe grundlegend verändert hat. Ebenso wenig, wie die Verantwortlichkeit für Employer Branding einzig im HR-Bereich liegen kann, können Social-Media-Auftritte mit Ausrichtung auf Employer Branding nicht zentral von der Personalabteilung mit Leben gefüllt werden. Ein einzelner HR-Mitarbeiter, der den geeigneten Kandidaten die Vorzüge des Arbeitgebers erläutert, passt nicht zur Dynamik des Web 2.0 – das in Abbildung 11 visualisierte, klassische Verhältnis von HR-Bereich und Bewerbermarkt gerät ins Wanken.[111]

---

[109] Vgl. Bernauer et al. (2010) S. 26 f und Ferber (2011)
[110] Siemann (2008) S. 6
[111] Vgl. Bernauer et al. (2010) S. 164

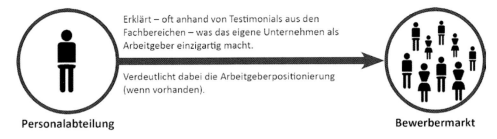

Abbildung 11: Klassisches Verhältnis von Personalabteilung und Bewerbermarkt[112]

Zeitgleich müssen sich Unternehmen davon verabschieden, dass sie die Zentrale für unternehmensbezogene Informationen bilden.[113] Die zentralisierte Kommunikation gemäß One-to-Many-Prinzip muss der dialogorientierten Many-to-Many-Kommunikation weichen. Der Mensch im Mittelpunkt – das bedeutet auch, dass der Nachwuchs nicht mehr mit anonymen Unternehmen oder einzig mit der Personalabteilung ein Gespräch führen möchte.[114]

Wenn sich ein Arbeitgeber dazu entscheidet, im Web 2.0 Unternehmenspräsenzen einzurichten, sollte er wie ein Mensch auftreten und seine Charaktereigenschaften – also seine Markenattribute – darstellen.[115] Gefordert ist eine mitarbeitergetriebene, nachhaltige Kommunikation, für die der HR-Bereich den notwendigen Raum schafft, denn letztendlich sind es einzig die bestehenden Mitarbeiter, die in glaubwürdiger Form über die Qualitäten ihres Arbeitgebers berichten können.[116] In der Konsequenz bedeutet dies eine Veränderung des Rollenverständnisses eines HR-Verantwortlichen, der die Nachwuchskräfte im Internet nicht mehr oder nur bedingt selbst kontaktiert. Abbildung 12 zeigt, dass es vielmehr seine Aufgabe ist, Wege für die Kommunikation mit der jungen Zielgruppe zu schaffen. In diesem Zusammenhang skizzieren BERNAUER ET AL. das Bild der Personalabteilung als Broker, der intern wie extern die passenden Personengruppen zusammenführt und so den Dialog zwischen Mitarbeitern und Kandidaten auf dem Arbeitsmarkt ermöglicht. Der HR-Bereich agiert jedoch nicht nur als Broker, sondern auch als Coach für die Mitarbeiter, damit sie Botschaften im Sinne der Arbeitgebermarke an die Kandidaten senden.[117]

---

[112] In Anlehnung an Bernauer et al. (2010) S. 164
[113] Vgl. Parment (2009) S. 150
[114] Vgl. Bernauer et al. (2010) S. 21 und Ferber (2011)
[115] Vgl. Heymann-Reder (2011) S. 23
[116] Vgl. Siemann (2008) S. 7 und Schreckenbach (2011) S. 3
[117] Vgl. Bernauer et al. (2010) S. 165 f

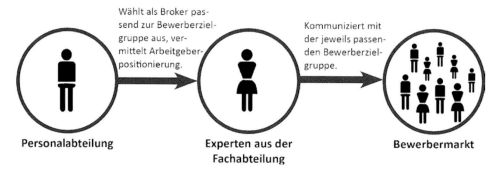

Abbildung 12: Rollenverständnis der Personalabteilung als Broker und Coach[118]

Bei der Integration von Mitarbeitern in die Kommunikation darf ihre Doppelrolle – Markenbotschafter und Zielgruppe der Employer-Branding-Bemühungen – nicht außer Acht gelassen werden.[119] Mitarbeiter dürfen nicht nur zum Markenbotschafter gecoacht werden, sondern sollten die Identifikation mit dem Arbeitgeber idealerweise selbst entwickeln und entsprechende Botschaften ohne Aufforderung in den Arbeitsmarkt senden. Dies schafft Vertrauen und Glaubwürdigkeit auf Bewerberseite.

Ebenso darf die Arbeitsmarktkommunikation nicht losgelöst von der Kommunikation mit anderen Zielgruppen betrachtet werden. Ziel eines jeden Unternehmens muss die ganzheitliche und integrierte Kommunikation mit allen internen und externen Anspruchsgruppen sein. PARMENT fordert daher eine horizontale Zusammenarbeit zwischen den Fachbereichen Personal, Kundenservice und Marketing sowie eine vertikale Zusammenarbeit zwischen Top-Management, mittlerem Management und den Mitarbeitern eines Unternehmens.[120]

4.3. Ausgewählte Plattformen im Überblick

Um ein Gespür dafür zu entwickeln, welche Plattformen mit welchen Funktionalitäten Unternehmen im Web 2.0 für die Mitarbeitergewinnung zur Verfügung stehen, werden nachfolgend die sieben relevantesten dargestellt und weitere Möglichkeiten ergänzend aufgeführt.

---

[118] In Anlehnung an Bernauer et al. (2010) S. 165
[119] Vgl. Sponheuer (2010) S. 273
[120] Vgl. Parment (2009) S. 99 f

4.3.1. Facebook

Nach einer kostenlosen Registrierung auf Facebook können Mitglieder ein Profil anlegen, sich mit Verwandten, Freunden, Bekannten und Studien- oder Arbeitskollegen – also Menschen unterschiedlicher Netzwerke – verbinden und sich untereinander austauschen und Inhalte teilen. Mit Facebook kann man Menschen wiederfinden, zu denen der Kontakt verloren gegangen ist oder vernachlässigt wurde. So ist es möglich, „ein erweitertes und virtuelles Abbild der reellen sozialen Beziehungsstruktur eines Users"[121] zu schaffen und eine Chronik des eigenen Lebens zu erstellen. Mit weltweit 845 Millionen Mitgliedern ist Facebook das bislang größte soziale Netzwerk, das es je gab. 2,7 Milliarden Mal klickt die Community den sogenannten Gefällt mir-Button pro Tag an und lädt 250 Millionen Fotos hoch.[122] Allein in Deutschland sind die Nutzerzahlen von 5,8 Millionen zu Beginn des Jahres 2010 auf 22,1 Millionen im Januar 2012 angestiegen. Damit ist mehr als jeder vierte Deutsche bei Facebook registriert, 54 Prozent der Nutzer bilden die 18- bis 34-Jährigen.[123]

Dass die Generation Y so gut auf Facebook vertreten ist, macht die Plattform für Arbeitgeber für die Mitarbeitergewinnung ebenso interessant, wie die Entwicklung, dass sich Berufliches und Privates auf Facebook mehr und mehr vermischt. Unternehmen können eine Facebook-Seite einrichten und auf einem großen Pool an interaktionsfördernden Applikationen zurückgreifen: Integration von Onlineshops, Fotos und Videos, Umfragen, Lokationsdienste und Gewinnspiele sind häufig genutzte Optionen.[124]

Im Februar 2012 geriet Facebook einmal mehr in die mediale Öffentlichkeit, als der geplante Börsengang bekannt wurde. In einem Brief an die zukünftigen Aktionäre erklärte Gründer MARK ZUCKERBERG seine Mission: „Facebook war nicht als Unternehmen geschaffen worden – es wurde geschaffen, um die Welt zu einem offeneren und besseren Platz zu machen."[125]

4.3.2. Google+

Im Sommer 2011 startete Google mit Google+ den Versuch, ein neues soziales Netzwerk zu etablieren und greift Facebook damit direkt an. Seitdem hat Google+ in der einschlägigen Literatur zu den Themen Social Media und Social Recruiting noch nicht Einzug halten

---

[121] Grabs; Bannour (2011) S. 216
[122] Vgl. Postinett (2012)
[123] Vgl. Roth (2012)
[124] Vgl. Grabs; Bannour (2011) S. 216 ff.
[125] Postinett (2012)

können. In diversen Fachforen und Blogs wird die Entwicklung von Google+ intensiv diskutiert.

Während Facebook das größte soziale Netzwerk der Welt darstellt, konnte Google+ bislang mit der Schnelligkeit des Wachstums überzeugen: Schon zwei Monate nach dem Start von Google+ zählten 25 Millionen Menschen zu den Nutzern. Die enge Verzahnung mit anderen von Google angebotenen Services sowie die vereinfachte Verwaltung der eigenen Kontakte in sogenannten Circles sind die wesentlichen Stärken von Google+: Berufliche und private Kontakte können in einem Netzwerk gepflegt werden und der User entscheidet, für welchen Personenkreis seine Inhalte sichtbar sind. Derzeit sind es vor allem Arbeitgeber aus der IT- und der Medien-Branche, die als Innovatoren Google+ für sich entdecken und auf der neuen Plattform mit einer Unternehmensseite experimentieren. Mit umfassenden Suchfunktionalitäten und dem Videochat Hangout schafft Google+ gute Voraussetzungen, sich zu einer relevanten Plattform für die Gewinnung junger, internetaffiner Menschen zu entwickeln.[126]

4.3.3. Xing

Im deutschsprachigen Raum ist Xing das führende Business-Netzwerk und konnte sich gegenüber seinem europäischen Pendant LinkedIn behaupten. Registrierte Mitglieder können sich bei Xing ein Profil inklusive Lebenslauf und Interessen einrichten, sich mit anderen Mitgliedern vernetzen, Nachrichten versenden und sich in Gruppen organisieren. Um als User sämtliche Funktionalitäten des Netzwerkes nutzen zu können, muss eine Gebühr entrichtet werden. Arbeitgeber können Xing nutzen, um mithilfe von Stichworten in den Mitgliederprofilen nach interessanten Kandidaten zu suchen und um in einer geschlossenen oder frei zugänglichen Unternehmensgruppe Kunden, Mitarbeiter und Kandidaten zusammenzuführen.[127] Neben Vernetzung und Bereitstellung einer Diskussionsplattform bietet Xing zudem die Möglichkeit, Stellenangebote zu veröffentlichen. Nutzt ein Arbeitgeber jedoch nur die Stellenbörsen-Funktion, kann dieser Einsatz nicht dem Social-Media-Engagement zugeordnet werden.[128] In den vergangenen Jahren sind Nutzung und Akzeptanz von rein beruflichen Netzwerken laut ARD/ZDF-ONLINE-STUDIE rückläufig.[129] Eine mögliche Erklärung für diese Entwicklung könnte sein, dass sich im reichweitenstarken

---

[126] Vgl. Miller-Merrell (2011)
[127] Vgl. Grabs; Bannour (2011) S. 258 ff.
[128] Vgl. Petry (2010) S. 30
[129] Vgl. van Eimeren; Frees (2011) S. 340

Netzwerk Facebook berufliche und private Kontakte vermischen und Xing als Substitut betrachtet wird.

4.3.4. Twitter

Der im Jahr 2006 gegründete Microblogging-Dienst Twitter ermöglicht Kommunikation via 140 Zeichen langen Nachrichten – den sogenannten Tweets – in Echtzeit. Personen können sich bei Twitter ein persönliches Profil anlegen, Tweets senden, anderen Personen folgen, deren Tweets an das eigene Netzwerk weiterleiten und so Informationen sehr schnell verbreiten. Während Twitter Anfang 2011 weltweit 200 Millionen Mitglieder zählte, gibt es in Deutschland lediglich 320.000 sehr aktive User, die Inhalte erzeugen und nicht nur Nachrichten anderer Mitglieder lesen. Derzeit wird Twitter insbesondere von Personen genutzt, die sich für die Bereiche IT, Marketing und Medien interessieren. Unternehmen müssen also in Abhängigkeit von ihrer Zielgruppen entscheiden, ob Twitter ein sinnvoller Bestandteil ihrer Social-Media-Strategie sein kann.[130] Obgleich es möglich ist, sich zu vernetzen, Kurzgespräche zu führen und der Zielgruppe zuzuhören, setzen Unternehmen Twitter häufig ausschließlich als Nachrichtenkanal ein: Ähnlich einem RSS-Feed werden Stellenangebote und Fachartikel an die Follower weitergegeben. Damit werden die Chancen der Many-to-Many-Kommunikation vertan und es bleibt beim unidirektionalen Senden von Nachrichten.[131]

4.3.5. YouTube

YouTube ist die größte und weltweit beliebteste Videoplattform und Videosuchmaschine. YouTube wurde im Jahr 2006, ein Jahr nach dessen Gründung, von Google übernommen. Pro Tag werden weltweit mehr als zwei Milliarden Videos abgespielt. Zu den aktivsten Nutzern zählen die 18- bis 34-Jährigen und damit vor allem die Generation Y. Sowohl Privatpersonen als auch Unternehmen können auf YouTube einen Kanal einrichten und individuell gestalten. Alle Videos sind damit zentral an einem Ort abgelegt, können aber auch an anderer Stelle – etwa in die Karrierewebsite oder Facebook-Seite – eingebettet werden. Der Vorteil, dass Bewegtbild sehr aufmerksamkeitsstark ist, kann für die Mitarbeitergewinnung genutzt werden.[132] Mittels kurzer Videos können Arbeitgeber Einblicke in den Arbeitsalltag geben: Statt gecasteter Darsteller informieren echte Mitarbeiter über den

---

[130] Vgl. Grabs; Bannour (2011) S. 177
[131] Vgl. Diercks (2011)
[132] Vgl. Grabs; Bannour (2011) S. 274 ff.

Bewerbungsprozess oder berichten über ihre Arbeit und das, was sie an ihrem Arbeitgeber schätzen – eine gute Basis, um Vertrauen und Glaubwürdigkeit bei der Zielgruppe zu schaffen.[133]

4.3.6. kununu

Nicht mehr nur Hotels oder Restaurants werden heute im Internet bewertet. In dem Bewertungsportal kununu können Mitarbeiter ihren aktuellen und ehemalige Arbeitgeber anonym und öffentlich bewerten. Auf einer Skala von 0 bis 5 werden Punkte für Arbeitsklima, Aufstiegschancen, Gehaltsniveau und weitere Aspekte vergeben. Raum für Verbesserungsvorschläge gibt es ebenfalls. Arbeitgeber können Stellung zu Bewertungen nehmen oder kostenpflichtige Werbemöglichkeiten auf dem Bewertungsprofil nutzen. So ist es möglich, etwa neben den Bewertungen der Mitarbeiter aktuelle Stellenangebote, Videos und Fotos vom Arbeitgeber zu platzieren. Im deutschsprachigen Raum hat sich kununu gegen Wettbewerber wie Kelzen oder Glassdoor durchgesetzt: Mit etwa 193.000 Bewertungen für mehr als 69.000 Arbeitgeber und etwa einer Million Besuchern pro Monat ist kununu nach eigenen Angaben das führende Arbeitgeber-Bewertungsportal.[134] Informieren sich die Anhänger der Generation Y im Web über einen potentiellen Arbeitgeber, erhalten sie auf kununu genau die Informationen, die sie auf Karrierewebsites und in Imagebroschüren nicht finden – unzensierte Erfahrungsberichte aus erster Hand. Auch Unternehmen profitieren von der Plattform und erhalten ähnlich einer Mitarbeiterbefragung ehrliches Feedback und Verbesserungsvorschläge.[135]

4.3.7. Karrierewebsite

Ob eigenständige Karrierewebsite oder in die Unternehmenswebsite integrierter Karrierebereich – die Aktivitäten auf anderen Plattformen führen den User in der Regel hierher. Damit ist die Karrierewebsite das Herzstück[136] des Web-2.0-Engagements und dorthin möchte man die Kandidaten locken. Um Bewerbungen zu generieren, müssen sich Arbeitgeber auf der Karrierewebsite eindeutig positionieren: Bild und Text müssen glaubhaft aufzeigen, was den Arbeitgeber auszeichnet. Generische Phrasen wie ‚dynamische Teams'

---

[133] Vgl. Bernauer et al. (2011) S. 83 ff.
[134] Vgl. Grabs; Bannour (2011) S. 317 ff. und kununu (2012)
[135] Vgl. Geleckyj (2012)
[136] Jodeleit (2010) spricht von genau dem Bereich einer Website als Herzstück, wo alle Social-Media-Aktivitäten in Echtzeit abgebildet werden (vgl. S. 159). Dieser Bereich wird häufig als Newsroom bezeichnet, ist jedoch in der Regel nicht Bestandteil des Karrierebereichs. In Hinblick auf das Ziel der Mitarbeitergewinnung benennt Küffner (2011) die Karrierewebsite als Herzstück (vgl. S. 8).

oder ‚einzigartige Chancen' sind zu vermeiden. Vielmehr müssen das Besondere am Arbeitgeber und dessen Unternehmenskultur erlebbar gemacht werden.[137] Die Karrierewebsite ist demnach als eine Bewerbung bei den richtigen Kandidaten zu sehen: Abgestimmt auf die Teilzielgruppen Schüler, Studierende, Berufseinsteiger, Young Professionals und Berufserfahrene werden Informationen zum konkreten Einstieg bereitgestellt. Hierbei ist es wichtig, den Nutzer nicht mit multimedialen Inhalten zu überfordern, sondern die Inhalte auf die Bedürfnisse der Zielgruppen abzustimmen. Neben aktuell ausgeschriebenen Stellenangeboten sind Videos, Frequently Asked Questions zum Bewerbungsprozess, Bewerberchat, Karriereblog, eingebundene Arbeitgeberbewertungen, ein Formular zum Versenden der Bewerbung sowie ein Kalender mit den nächsten Veranstaltungen, auf denen sich das Unternehmen als Arbeitgeber präsentiert, denkbare Inhalte einer Karrierewebsite, aus denen individuell passende auszuwählen sind.

4.3.8 Sonstige

Das in Zusammenhang mit Xing genannte Business-Netzwerk LinkedIn sowie die deutschen VZ-Netzwerke wurden aufgrund ihrer rückläufigen Nutzerzahlen bei der Betrachtung relevanter Plattformen ausgelassen. Gewiss ist ein Teil der Generation Y auch dort anzutreffen, jedoch ist davon auszugehen, dass die zuvor vorgestellten Plattformen von größerer Bedeutung sind. Da es eine Vielzahl an thematisch unterschiedlich ausgerichteten Fachforen und Blogs[138] gibt, fanden auch diese bei den vorherigen Ausführungen keine Berücksichtigung. Darüber hinaus bestehen weitere Möglichkeiten, den Nachwuchs im Internet auf sich aufmerksam zu machen. Denkbar sind etwa die Teilnahme an Arbeitgeberrankings oder die Schaltung von Werbebannern. Diese Maßnahmen werden an dieser Stelle vernachlässigt, weil sie nicht den Interaktionsgedanken des Web 2.0 erfüllen.

4.3.9. Zusammenfassende Bewertung der Plattformen

Die vorherigen Unterkapitel zeigen, dass jede dargestellte Plattform über besondere Vorzüge verfügt, die sie von den anderen unterscheidet. Auf Basis dieser Darstellungen erfolgt in Tabelle 1 eine Bewertung der in Kapitel 4.1. aufgeführten Stärken je Plattform. Mithilfe dieser verdichteten Darstellung können die Plattformen untereinander abgegrenzt werden.

---

[137] Vgl. Küffner (2011) S. 8
[138] Für erste Anhaltspunkte, wie Unternehmen Fachforen und Blogs nutzen können, siehe Grabs; Bannour (2011) S. 134 ff. und 414 ff.

Tabelle 1: Web-2.0-Plattformen und ihre Stärken im Überblick

	Facebook	Google+	Xing	Twitter	YouTube	kununu
Dialogorientierung	++	++	++	+	-	--
Virales Marketing	++	+	-	++	++	+
Integration von Markenbotschaftern	++	?	+	+	++	++
Kollaboration	++	+	+	-	--	--
Feedbackmöglichkeiten	++	?	+	+	-	++

Auf den ersten Blick erscheint Facebook als diejenige Plattform, die alle Kriterien uneingeschränkt erfüllen kann, denn es scheint die ideale technische Infrastruktur zur Verfügung zu stehen. An dieser Stelle muss jedoch dafür sensibilisiert werden, dass diese Betrachtung sehr einseitig ist. Letztendlich ist nicht entscheidend, welche technischen Möglichkeiten eine Plattform bietet, sondern wo sich der Nachwuchs im Web aufhält und mit wem er dort kommunizieren möchte. Folglich darf die Perspektive der Zielgruppe nicht vergessen werden: Will der Nachwuchs auf Facebook einen Dialog mit potentiellen Arbeitgebern führen? Will er dort Feedback geben und mit Markenbotschaftern sprechen? Oder reichen ihm die bei Twitter zur Verfügung gestellten Informationen? Überzeugen Videos auf YouTube möglicherweise mehr als die Präsenz bei Google+? Und hat kununu trotz mangelnder Interaktionsmöglichkeiten andere Vorzüge, die der Nachwuchs zu schätzen weiß?

4.4. Realer Nutzen des Web 2.0 für die Mitarbeitergewinnung

Insbesondere große Unternehmen experimentieren derzeit mit den Möglichkeiten des Web 2.0, in der Hoffnung, den Nerv der Generation Y zu treffen. Während JODELEIT feststellt, „dass es noch nie so einfach wie heute war, fähige Nachwuchskräfte zu finden"[139], ist sich AUGUST-WILHELM SCHEER, Präsident des BUNDESVERBANDS INFORMATIONSWIRTSCHAFT, TELEKOMMUNIKATION UND NEUE MEDIEN E. V. (BITKOM), sicher: „Das Web 2.0 ist der Stellenmarkt der Zukunft".[140] Schließlich brachte eine BITKOM-Erhebung hervor, dass die befrag-

---

[139] Jodeleit (2010) S. 35
[140] BITKOM (Hrsg.) (2011)

ten Unternehmen im Web 2.0 auf Bewerberfang gehen und Profile in sozialen Netzwerken neben Online-Stellenbörsen und Karrierewebsite mittlerweile State of the Art sind.[141] Studien wie diese gibt es zahlreich, doch die Frage nach messbaren Erfolgen in der Mitarbeiter- und speziell in der Nachwuchsgewinnung bleibt in der Regel unbeantwortet.

Was steckt also hinter der Wunderwaffe Web 2.0? 563.000 deutschsprachige Treffer für ‚Social Media Recruiting' und 213.000 Ergebnisse für ‚Web 2.0 Recruiting' bei der Suchmaschine Google lassen darauf hoffen, dass es mehr ist als ein medialer Hype.[142] Dass das Web 2.0 und insbesondere soziale Netzwerke wie Facebook die Kommunikation grundlegend verändert haben, kann heute nicht mehr angezweifelt werden: „It's no secret that social media – global, open, transparent, non-hierarchical, interactive, and real time – are changing consumer behaviour and workplace expectations."[143] Das Austauschen von medialen Inhalten, Bewertungen und kritischen Kommentaren im Internet ist insbesondere für junge Menschen selbstverständlich. Die Chance, mit der Zielgruppe in den Dialog zu treten, lassen sich viele Unternehmen nicht entgehen und integrieren Web-2.0-Aktivitäten in ihre Kommunikationsstrategie.[144]

Wie aber steht es um den realen Nutzen des Web 2.0 für die Nachwuchsgewinnung, wenn es nicht mehr um Produkt-, sondern Arbeitgebermarken geht? Eine einseitige Betrachtung des Web-2.0-Einsatzes aus Sicht der Arbeitgeber ist nicht zielführend. Vielmehr muss auch die Perspektive der Zielgruppe beleuchtet werden. Hier offenbart sich eine Lücke im aktuellen Forschungsstand. Lediglich zwei Studien aus dem Jahr 2010 – eine von der Kommunikationsagentur KIENBAUM COMMUNICATIONS sowie eine Studie von der Karriereplattform TALENTIAL – gehen der Frage nach, was die Generation Y im Web 2.0 von Arbeitgebern wirklich erwartet.[145] So kommt die KIENBAUM-Studie zu dem Ergebnis, dass der Nachwuchs soziale Netzwerke primär zur Pflege privater Kontakte nutzt und gar nicht in den Dialog mit Unternehmen treten möchte – möglicherweise aus Angst um die eigene Privatsphäre. Bei der Suche nach einem Praktikum oder Job werden Unternehmenswebsite, Suchmaschinen und Online-Stellenbörsen gegenüber Fachforen, Karrierenetzwerken und sozialen Netzwerken bevorzugt.[146] Ähnlich ernüchternd ist auch das Fazit der Studie von TALENTIAL: Häufig erreichen Arbeitgeber ihre Zielgruppe gar nicht: Lediglich 44 Prozent der befragten Studierenden sind bereits auf Employer-Branding-Aktivitäten von Arbeitgebern im Web

---

[141] Vgl. BITKOM (Hrsg.) (2011)
[142] Bei der Suche nach ‚Social Media Recruiting' listete Google am 21.04.2012 563.000 deutschsprachige Treffer auf. Für den Suchbegriff ‚Web 2.0 Recruiting' wurden 213.000 Seiten auf Deutsch aufgeführt.
[143] Dutta (2010) S. 130
[144] Vgl. Grabs; Bannour (2011) S. 23 und 423
[145] Vgl. Kienbaum Communications (2010); Petry (2010) und Petry; Schreckenbach (2010)
[146] Vgl. Kienbaum Communications (2010) Befragt wurden 1.155 Studierende im Zeitraum Mai/Juni 2010.

2.0 aufmerksam geworden. Dass ein Arbeitgeber durch sein Social-Media-Engagement an Attraktivität gewonnen hat, bestätigten nur neun Prozent.[147]

Wie die Einstellung der Generation Y zu Maßnahmen der Nachwuchsgewinnung im Web 2.0 heute ist, wurde nur wenig erforscht und begründet die Notwendigkeit einer Primärdatenerhebung. Diese kann Anhaltspunkte geben, welche Erwartungshaltung der Nachwuchs gegenüber potentiellen Arbeitgebern im Web 2.0 hat und der Einsatz welcher Plattformen und welcher Inhalte gewünscht ist.

---

[147] Vgl. Petry; Schreckenbach (2010) Befragt wurden 129 Studierende.

5. Ermittlung der Akzeptanz von Recruiting-Aktivitäten im Web 2.0 bei Nachwuchskräften

Um dazu beizutragen, die zuvor aufgezeigte Lücke im Forschungsstand zu schließen, erfolgt die Ermittlung der Akzeptanz von Recruiting-Aktivitäten im Web 2.0 bei Nachwuchskräften mittels Primärdatenerhebung.

5.1. Konzeption einer Primärdatenerhebung

Im Rahmen der Konzeption der Primärdatenerhebung werden Zielsetzung, Untersuchungsdesign, Erhebungsmethode und -instrument sowie Grundgesamtheit und Stichprobenauswahl nachfolgend dargestellt.

5.1.1. Zielsetzung

Die in Kapitel 1.1. als Fragen formulierten *Teilziele 1* (Welche aktuellen Entwicklungen prägen den deutschen Arbeitsmarkt?) und *2* (Welche Herausforderungen ergeben sich hieraus für Unternehmen für die Nachwuchsgewinnung?) konnten in Kapitel 3 beantwortet werden. Auf die Frage 3, welchen Beitrag Web 2.0 und Social Media zur Nachwuchsgewinnung leisten können (*Teilziel 3*), gibt Kapitel 4 erste Antworten. Um diese einseitige Darstellung der Stärken von Web 2.0 und Social Media aufgrund der technologischen Infrastruktur und der gebotenen Möglichkeiten zu vervollständigen, wird nun im Rahmen der Primärdatenerhebung der Blick auf die umworbenen Nachwuchskräfte gerichtet: die Vollzeitstudierenden in Deutschland. Weiter ist es Ziel der Primärdatenerhebung, Antworten auf die *Teilziele 4* (Welche Kanäle nutzen die jetzigen Studierenden, um sich über Stellen und potentielle Arbeitgeber zu informieren?) und *5* (Welche Maßnahmen zur Mitarbeitergewinnung stoßen auf Akzeptanz des akademischen Nachwuchses und welche Inhalte und Ansprechpartner wünscht er sich?) zu geben. Aus der Auswertung von aktueller Fachliteratur, persönlichen Erfahrungen und Gesprächen mit Vertretern der Generation Y resultiert die Vermutung, dass die Akzeptanz von Recruiting-Aktivitäten im Web 2.0 bei Nachwuchskräften durch Arbeitgeber und Kommunikationsagenturen tendenziell überschätzt wird. Diese soll mithilfe der Primärdatenerhebung überprüft werden.

5.1.2. Untersuchungsdesign

In Abhängigkeit des Forschungsziels kann zwischen explorativer, deskriptiver und experimenteller Untersuchung unterschieden werden. Während die explorative Untersuchung der Bearbeitung neuer oder vollkommen unbekannter Themengebiete dient, werden im Rahmen der experimentellen Untersuchung Ursache-Wirkung-Beziehungen betrachtet. Eine deskriptive Untersuchung wird dann durchgeführt, wenn ein klares Forschungsziel definiert wurde, der Untersuchungsgegenstand weitestgehend bekannt ist und man Sachverhalte beschreiben und Häufigkeiten erfassen möchte. Eine standardisierte Befragung oder eine Panelerhebung sind typische Erhebungsinstrumente für eine Deskription.[148]

Über den Untersuchungsgegenstand der geplanten Primärdatenerhebung liegen bereits Informationen vor, die es zu prüfen gilt. Um die in Kapitel 5.1.1. definierte Zielsetzung zu beantworten, eignet sich eine deskriptive Untersuchung.

5.1.3. Erhebungsmethode

Die empirische Methodenlehre ermöglicht es, das Sammeln von Erfahrungen auf „eine systematische und planmäßige Grundlage"[149] zu stellen. Zur Datenerhebung stehen hierbei verschiedene Methoden zur Verfügung: In Abhängigkeit von der zentralen Fragestellung beziehungsweise der Zielsetzung der Erhebung muss aus Befragung, Inhaltsanalyse, Beobachtung und physiologischer Messung die geeignete Erhebungsmethode gewählt werden.[150] Zur Ermittlung der Akzeptanz von Recruiting-Aktivitäten im Web 2.0 eignet sich eine Befragung am besten, denn mit dieser Methode können Einstellungen, Meinungen und Beurteilungen von Personen aus einer Grundgesamtheit erhoben werden.[151]

Die Befragung von Studierenden in Deutschland wird als unpersönliche, schriftliche Befragung via Internet konzipiert, um in einem kurzen Zeitraum und mit geringen Kosten einen großen Personenkreis befragen zu können.

Die Online-Durchführung bringt weitere Vorteile mit sich: So ist die Modularisierung und Filterung der Fragen möglich. Die erhobenen Daten liegen automatisch in digitaler Form vor und werden bereits vorausgewertet. Darüber hinaus wird kein Interviewer benötigt. Theoretisch ist eine Vollerhebung ohne zeitlichen und finanziellen Mehraufwand realisier-

---

[148] Vgl. Koch (2009) S. 41
[149] Brosius; Koschel; Haas (2008) S. 92
[150] Auf eine nähere Beschreibung der empirischen Methoden zur Datenerhebung wird an dieser Stelle verzichtet. Ausführliche Darstellungen finden sich etwa bei Brosius; Koschel; Haas (2008).
[151] Vgl. Brosius; Koschel; Haas (2008) S. 21 und Winkelmann (2010) S. 132

bar. Zeitgleich birgt eine Online-Befragung auch Nachteile: Zum einen kann die Situation des Ausfüllens nicht kontrolliert werden. Zum anderen erreicht eine derartige Befragung immer nur einen begrenzten Personenkreis – nämlich nur die Menschen, die über ein internetfähiges Endgerät wie PC oder Smartphone und über die zur Bedienung notwendigen Kompetenzen verfügen.[152] Bei der anvisierten internetaffinen Zielgruppe wird letzteres jedoch vorausgesetzt.

5.1.4. Erhebungsinstrument

Für die Durchführung einer unpersönlichen Befragung im Internet wird als Erhebungsinstrument auf einen Online-Fragebogen zurückgegriffen. Das Fragebogendesign wird in Tabelle 2 dargestellt. Um die Teilnehmer zum Thema hinzuführen, bilden zwei Fragen zur allgemeinen Einstellung zur Arbeit sowie zum Anforderungsprofil an einen passenden Arbeitgeber den Einstieg. Den Hauptteil bilden Fragen zum Nutzungsverhalten des Web 2.0 sowie zum Informationsverhalten bei Praktikums- und Jobsuche. Weiter beinhaltet der Fragebogen Fragen, um das Vertrauen in und die Anforderungen an Recruiting-Aktivitäten abzufragen. Konkret werden unter anderem die von den Studierenden gewünschten Inhalte und Ansprechpartner erhoben. Ebenfalls werden die bisherigen Erfahrungen und Kontaktpunkte mit Arbeitgebern im Web 2.0 ermittelt. Den Abschluss bilden eine offene Frage, die Raum für eigene Ideen und Anmerkungen bietet, sowie sechs Fragen zur Erhebung soziodemografischer Daten.

Bei der Formulierung der Fragen wurde auf Einfachheit, Eindeutigkeit und Neutralität geachtet.[153] Der Fragebogen wurde vor der Durchführung der Primärdatenerhebung in einem Pretest mit Studierenden auf Verständlichkeit, treffende Formulierungen und Vollständigkeit der Antwortmöglichkeiten geprüft.[154] Dieser Pretest ergab unter anderem, dass die Mehrheit der Befragten es vorzog, mit ‚Sie' angesprochen zu werden.

Bei nominal skalierten Fragen, deren Antwortmöglichkeiten keine inhaltlich bedingte Reihenfolge erfordern, werden mittels Randomisierung Reihenfolgeeffekte ausgeschlossen.[155] Um die Hürde zur Beantwortung niedrig zu halten, besteht nur für ausgewählte Fragen Antwortpflicht. Die Umsetzung des Fragebogens erfolgte mit der Software EXAVO SURVEYSTUDIO. Der Original-Fragebogen ist in Anhang A1 abgebildet.

---

[152] Vgl. Brosius; Koschel; Haas (2008) S. 124 ff.
[153] Vgl. Koch (2009) S. 66
[154] Vgl. Brosius; Koschel; Haas (2008) S. 135 und Winkelmann (2010) S. 135
[155] Vgl. Brosius; Koschel; Haas (2008) S. 102

Tabelle 2: Fragebogendesign

Frageinhalt	Frageart / Skalierung	Ergänzende Erläuterungen	Antwortpflicht	Kategorie
1 | Einstellung zum Arbeiten und zum Job	Mehrfachauswahl / nominal	Abfrage der Einstellung der Generation Y zur Arbeit und gegenüber einem Arbeitgeber (Loyalität)[156]	ja	Einstellung gegenüber Arbeit und Arbeitgeber
2 | Anforderungsprofil an einen Arbeitgeber	Matrixfrage / ordinal	Die Antwortitems umfassen sowohl funktionale als auch emotionale Benefits.[157]	nein	
3 | Nutzung von Web-2.0-Plattformen	Matrixfrage / nominal	Filterfrage	ja	Web-2.0-Nutzungsverhalten
4 | Facebook-Nutzungsmotiv	Mehrfachauswahl / nominal	Filter durch Frage 3: Frage 4 wird nur angezeigt, wenn Facebook genutzt wird.	nein	
5 | Akzeptanz von Arbeitgeberauftritten im Web 2.0	Einfachauswahl / nominal		ja	
6a | Genutzte Informationsquellen für passende Stellen	Mehrfachauswahl / nominal	Abfrage relevanter Informationsquellen für Mitarbeitergewinnungsphase ‚Aufmerksamkeit erzeugen'	ja	Informationsverhalten
6b | Genutzte Informationsquellen für konkrete Arbeitgeber	Mehrfachauswahl / nominal	Abfrage relevanter Informationsquellen für Mitarbeitergewinnungsphase ‚Aufmerksamkeit in Interesse umwandeln'	ja	
7 | Vertrauen in Informationsquellen	Matrixfrage / ordinal		ja	Recruiting-Aktivitäten: Vertrauen und Anforderungen
8 | Gewünschte Gesprächspartner auf Arbeitgeberseite	Mehrfachauswahl / nominal		nein	
9a | Gewünschte Inhalte auf Karrierewebsite	Mehrfachauswahl / nominal	Generierung konkreter Anhaltspunkte für die Ausgestaltung einer Karrierewebsite	ja	
9b | Gewünschte Inhalte auf externer Plattform	Mehrfachauswahl / nominal	Generierung konkreter Anhaltspunkte für die Ausgestaltung eines auf Recruiting ausgerichteten Social-Media-Auftrittes	ja	

---

[156] Die Frage dient der Überprüfung der in Kapitel 3.4.3. skizzierten Einstellung der Generation Y zur Arbeit.
[157] Vgl. Sponheuer (2010) S. 157 ff.

Frageinhalt	Frageart / Skalierung	Ergänzende Erläuterungen	Antwortpflicht	Kategorie
10 | Wirkung Karrierewebsite	Einfachauswahl / nominal	Indirekt erneute Abfrage des Vertrauens	nein	
11 | Wirkung Arbeitgeberbewertung	Mehrfachauswahl / nominal	Indirekt erneute Abfrage des Vertrauens	nein	
12 | Häufigkeit Fansein von Arbeitgebern	Einfachauswahl / nominal	Filterfrage	ja	Bisherige Erfahrungen und Kontaktpunkte mit Arbeitgebern im Web 2.0
13 | Grund für Fansein	Mehrfachauswahl / nominal	Filter durch Frage 12: Frage 13 wird angezeigt, wenn Frage 12 bejaht wird.	ja	
14 | Zusammenhang Fansein und Attraktivität	Einfachauswahl / nominal	Filter durch Frage 12: Frage 14 wird angezeigt, wenn Frage 12 bejaht wird.	nein	
15 | Raum für Gedanken, Ideen und Anmerkungen	Offene Frage	Möglichkeit, Ergänzendes mitteilen oder kritische Anmerkung machen zu können.	nein	Raum für Ideen
16-21 | Soziodemografische Daten	Einfachauswahl / nominal	Es werden Zeitpunkt des Abschlusses, angestrebter akademischer Abschluss, Art der Einrichtung, Studienrichtung, Geschlecht und Alter erfasst.	Zeitpunkt Abschluss ja, Rest nein	Soziodemografische Daten

5.1.5. Grundgesamtheit und Stichprobenauswahl

Laut dem STATISTISCHEN BUNDESAMT studieren derzeit in Deutschland so viele Studierende wie noch nie zuvor: Für das Wintersemester 2010/2011 waren an deutschen Hochschulen mehr als 2,21 Millionen Studierende eingeschrieben. In diese Zahl fließt auch die Anzahl der Personen ein, die ein Teilzeitstudium oder ein duales Studium absolvieren. Allein die FERNUNIVERSITÄT HAGEN – als größte Hochschule mit knapp 63.000 immatrikulierten Personen – treibt die Anzahl der deutschen Studierenden in die Höhe.[158]

Da sich die Befragung an Vollzeitstudierende in Deutschland richtet, muss die Anzahl der Fern- beziehungsweise Teilzeitstudenten und der dualen Studenten abgezogen werden. Auf Anfrage beim STATISTISCHEN BUNDESAMT wurde die Anzahl der Vollzeitstudierenden für

---

[158] Vgl. Statistisches Bundesamt (Hrsg.) (2011) S. 6 und 31

das Wintersemester 2009/2010 mit 1,96 Millionen beziffert (vgl. Anhang A2). Dieser Personenkreis stellt die Grundgesamtheit für die durchzuführende Primärdatenerhebung dar.

Die Struktur der Grundgesamtheit ist weitestgehend unbekannt. Aufgrund der fehlenden Informationen kann eine Strukturgleichheit von untersuchter Teilmasse und Grundgesamtheit nicht geschaffen werden.[159] Die Befragung hat demnach keinen repräsentativen Charakter.

Um in der Stichprobe mit großer Wahrscheinlichkeit eine gleiche Merkmalsverteilung wie in der Grundgesamtheit abzubilden, müssen alle Vollzeitstudierenden in Deutschland, also alle Elemente der Grundgesamtheit, die gleiche Wahrscheinlichkeit haben, in die Stichprobe zu gelangen. Diese sogenannte Zufallsauswahl ist nicht realisierbar, da keine Liste aller Vollzeitstudierenden als Basis für die Auswahl vorliegt. Aus diesem Grund wird auf ein in der empirischen Forschung übliches Verfahren – die bewusste Auswahl typischer Fälle – zurückgegriffen.[160] Als typische Fälle werden zum einen Studierende definiert, die soziale Netzwerke nutzen. Zum anderen können Stipendiaten und Nutzer von Karriereportalen als typische Fälle angesehen werden. Diesem Personenkreis wird unterstellt, dass er leistungsstark ist und sich frühzeitig über Berufsperspektiven informiert.

Die Rekrutierung von Teilnehmern für die Befragung erfolgt über verschiedene Wege, die nachfolgend dargestellt werden:

Zunächst werden persönlich bekannte Kontakte in sozialen Netzwerken kontaktiert: Persönlich bekannte Vollzeitstudierende werden mit einer personalisierten Nachricht bei Facebook und Xing angeschrieben, mit der Bitte um Teilnahme und um Weiterleitung an ebenfalls bekannte Vollzeitstudierende. Auf diesem Weg wird ein Schneeballeffekt erzielt und viele Studierende verschiedener Studiengänge und Hochschulen können erreicht werden.[161]

Ergänzend zu den persönlichen Kontakten werden Anbieter von Stipendien wie FRIEDRICH EBERT STIFTUNG, STIFTUNG DER DEUTSCHEN WIRTSCHAFT oder STUDIENSTIFTUNG DES DEUTSCHEN VOLKES per E-Mail angeschrieben, um auf der Website oder in einem Stipendiaten-Newsletter auf die Befragung hinzuweisen. Analog wird mit solchen Online-Plattformen verfahren, die sich direkt an Studierende und Absolventen richten und zur beruflichen Orientierung beitragen. Beispielhaft seien an dieser Stelle e-fellows.net, unicum.de und karrierefuehrer.de

---

[159] Vgl. Winkelmann (2010) S. 136 f
[160] Vgl. Brosius; Koschel; Haas (2008) S. 79 f und 83 f
[161] Dieses Beispiel zeigt, dass virales Marketing für eine Online-Befragung Stärke und Schwäche zugleich darstellt: Es lässt sich nicht kontrollieren, ob der Link zur Befragung möglicherweise auch Personen erreicht, die nicht studieren.

genannt. Um die Stichprobe zu vergrößern und die Aussagekraft der Ergebnisse zu erhöhen, werden Studiengangs- und Institutsleiter sowie Fachschaftsmitglieder deutscher Hochschulen per Telefon und E-Mail kontaktiert, mit der Bitte, die Studierenden an der jeweiligen Hochschule auf die Befragung aufmerksam zu machen.

5.2. Durchführung der Primärdatenerhebung

Der Fragebogen war vom 27. Februar bis zum 17. März 2012 online. In diesem Zeitraum haben 427 Personen den Fragebogen begonnen und 338 Personen haben ihn vollständig ausgefüllt. Da die Anzahl der Personen, die auf die Befragung aufmerksam gemacht wurden, nicht bekannt ist, kann keine Aussage über die Rücklaufquote getroffen werden. Prinzipiell positiv ist zu bewerten, dass 79 Prozent den Fragebogen vollständig ausgefüllt haben.

5.3. Auswertung der Primärdatenerhebung

Im folgenden Abschnitt erfolgt die deskriptive Analyse der gewonnenen Daten. Vordergründig werden für ausgewählte Merkmale die Häufigkeitsverteilungen der Merkmalsausprägungen dargestellt. Die Anzahl der Datensätze kann von Frage zu Frage schwanken, da nicht für alle Fragen eine Antwortpflicht bestand und Filterfragen eingesetzt wurden. Je nach Antwort auf eine Filterfrage wurden bestimmte Fragen angezeigt oder übersprungen. Alle zur Verfügung stehenden Datensätze wurden vor der Auswertung um unbrauchbare Daten – etwa durch offensichtlich nicht ernst gemeinte Antworten in Freifeldern – bereinigt.

Bei der Auswertung wird bewusst auf das Ausweisen von Nachkommastellen bei Prozentwerten verzichtet, um keine Scheingenauigkeit zu suggerieren. Folglich kann bei der Auswertung von Häufigkeiten die Summe der Prozentsätze um zwei Prozentpunkte nach oben oder unten von 100 Prozent abweichen. Die Auswertung der Befragung erfolgt anonym. Bei der Auswertung der Befragungsergebnisse wird auf die sieben gebildeten Kategorien (vgl. Tabelle 2) zurückgegriffen.

5.3.1. Soziodemografische Daten

Das Verhältnis von Studenten (47 Prozent) und Studentinnen (53 Prozent) unter den Befragungsteilnehmern ist weitestgehend ausgeglichen. 89 Prozent der Befragten sind zwischen 20 und 30 Jahren alt. Damit ist der Anteil der Vertreter der Generation Y unter den Befragten sehr groß. Die Hälfte aller Befragten studiert an einer Fachhochschule, 39 Prozent sind an einer Universität eingeschrieben. Vereinzelte Teilnehmer studieren an einer Technischen Universität oder an einer privaten Fachhochschule (je vier Prozent) oder an einer Berufsakademie (drei Prozent).

Die meisten der befragten Studierenden schließen ihr Studium entweder mit dem akademischen Abschluss Bachelor (49 Prozent), Master (32 Prozent) oder Diplom (10 Prozent) ab. Unter den sonstigen Nennungen befinden sich Staatsexamen und Magister Artium.

Die Auswertung der Frage nach der Studienrichtung zeigt, dass ein breites Spektrum an Studiengängen adressiert wurde. Wie aus Abbildung 13 ersichtlich wird, sind MINT-Studiengänge stark vertreten. Unter den sonstigen Nennungen befinden sich Studiengänge der Richtungen Tourismuswirtschaft, Umwelt- und Nachhaltigkeitsmanagement, Lehramt sowie Security.

Abbildung 13: Studienrichtung (n=338)

Abbildung 14 zeigt, dass gut die Hälfte der Befragten das Studium innerhalb der kommenden zwölf Monate abschließen wird. Dieser hohe Anteil baldiger Absolventen ist positiv zu bewerten, da davon ausgegangen werden kann, dass sich dieser Personenkreis bereits mit den Themen Jobsuche, Berufseinstieg und Anforderungen an einen Arbeitgeber auseinandersetzt.

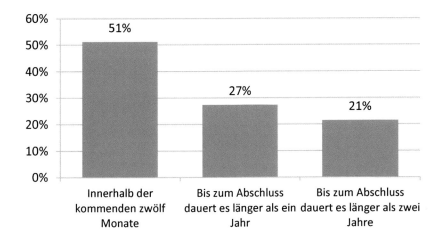

Abbildung 14: Zeitpunkt des Abschlusses (n=340)

Diagramme zur Auswertung aller erhobenen soziodemografischen Daten finden sich in Anhang A3.

5.3.2. Einstellung zur Arbeit und gegenüber Arbeitgebern

Den Einstieg in die Befragung bildete eine Frage mit Mehrfachauswahlmöglichkeit zur Einstellung zum Arbeiten und zu einem Job, um zu erfassen, was Arbeiten für die Generation Y bedeutet. So kann überprüft werden, ob die geringe Arbeitgeberloyalität und die hohe Wechselbereitschaft, die in der Fachliteratur häufig als Charakteristika der Vertreter der Generation Y genannt werden, auch in der Praxis anzutreffen sind.

Das Ergebnis der Befragung fällt in dieser Hinsicht überraschend aus: 70 Prozent geben an, dass sie sich vorstellen können, zehn Jahre für den gleichen Arbeitgeber tätig zu sein, sofern ihnen ihr Job gefällt. Lediglich sechs Prozent streben kontinuierlich nach völlig neuen Herausforderungen und würden aus diesem Grund ihren Arbeitsplatz nach zwei bis drei Jahren wechseln.

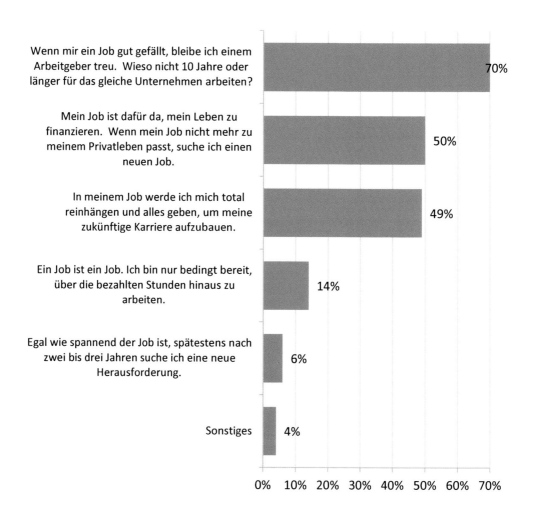

Abbildung 15: Einstellung zur Arbeit und gegenüber Arbeitgebern (n=427)

Wie Abbildung 15 visualisiert, zeigen sich die befragten Studierenden deutlich loyaler als der typische Anhänger der Generation Y, der in der Fachliteratur skizziert wird. Zwar geben 49 Prozent an, dass sie sich in ihrem Job reinhängen würden, um ihre Karriere voranzutreiben, zeitgleich vertritt jedoch die Hälfte der Befragten die Meinung, dass ihr Job dafür da ist, um ihr Leben zu finanzieren. Die Einstellung, dass das Privatleben vorgeht, entspricht dem in Kapitel 3.4. aufgeführten Motto ‚Erst leben, dann arbeiten'.

Unter den sonstigen Nennungen sind unter anderem sechs Stimmen von Studierenden, die nur dann bereit sind, über die Arbeitszeit hinaus zu arbeiten, sofern sie gern für ihren Job aufstehen und er ihnen Spaß bringt. Weitere Anmerkungen zeigen, dass die Stimmung im Team sowie die Anerkennung und Wertschätzung der geleisteten Arbeit mit darüber entscheiden, wie lange man seinen Job behält. Vereinzelt wird angemerkt, dass ein Jobwechsel unabdingbar ist, um sich finanziell zu verbessern und um seine Karriere voranzutreiben.

Mithilfe der zweiten Frage wird das Anforderungsprofil an einen Arbeitgeber erfasst. Über das wichtigste Kriterium sind sich nahezu Dreiviertel der Befragten einig: Sie nennen ein gutes Arbeitsklima als sehr wichtige Anforderung. Bei Betrachtung der in Abbildung 16 gezeigten Rangfolge fällt auf, dass es insbesondere weiche Faktoren wie Wohlfühl-atmosphäre, Sicherheit und Freiräume zur persönlichen und beruflichen Entwicklung sind, die die heutigen Studierenden als sehr wichtig erachten. So geben jeweils lediglich 16 Prozent an, dass ihnen ein attraktiver Standort sowie eine hohe Vergütung sehr wichtig sind.

Die Bekanntheit eines Unternehmens empfinden 64 Prozent als eher unwichtig bis sehr unwichtig. Wenn folglich Aspekte wie Vergütung, Image, internationales Umfeld und Bekanntheit für viele der Befragten nicht sehr wichtig sind, ist dies insbesondere eine Chance für Start Ups und Hidden Champions aus dem Mittelstand, die es zu nutzen gilt: Wer ein gutes Arbeitsklima, eine ausgewogene Work-Life-Balance und einen sicheren Arbeitsplatz zu bieten hat, kann bei den Befragten punkten.

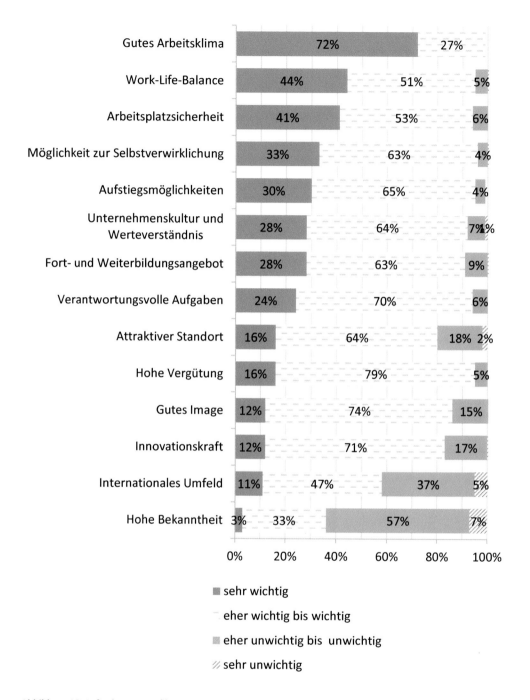

Abbildung 16: Anforderungsprofil an einen Arbeitgeber (392 ≤ n ≤ 396)

Die Auswertung des Anforderungsprofils zeigt außerdem, dass die Studierenden von heute sehr anspruchsvoll sind. So werden alle aufgeführten Kriterien – mit Ausnahme der hohen

Bekanntheit – von mehr als der Hälfte der Befragten als eher wichtig bis sehr wichtig empfunden. Lediglich Unternehmenskultur und Werteverständnis (ein Prozent), attraktiver Standort (zwei Prozent), internationales Umfeld (fünf Prozent) sowie hohe Bekanntheit (sieben Prozent) werden vereinzelt als sehr unwichtig bewertet.

Die Kenntnis der für die Studierenden relevanten Kriterien bei Bewertung und Auswahl eines Arbeitgebers sind Basis für die inhaltliche Ausgestaltung von Recruiting-Maßnahmen. Kriterien, die als sehr wichtig empfunden werden, sollten in der Kommunikation mehr in den Vordergrund gerückt werden als weniger wichtige Themen.

In Abbildung 17 werden die mit ‚sehr wichtig' bewerteten Kriterien in Hinblick auf den Zeitpunkt des Studienabschlusses dargestellt. Das wichtigste Kriterium stellt mit deutlichem Abstand das von nahezu Dreiviertel der Befragten genannte Arbeitsklima dar. Die Auswertung der vorliegenden Daten zeigt außerdem, dass die Work-Life-Balance unabhängig vom Zeitpunkt des Abschlusses von etwa der Hälfte der Befragten als sehr wichtig beurteilt wird. 48 Prozent der Personen, die länger als zwei Jahre bis zum Abschluss benötigen, halten sie für sehr wichtig. Die Differenz zu den Personen, die ihr Studium innerhalb der kommenden zwölf Monate abschließen, beträgt lediglich vier Prozentpunkte.

Eine hohe Vergütung ist lediglich neun Prozent der Studierenden, die innerhalb der nächsten zwölf Monate ihr Studium abschließen, sehr wichtig. Von den Studierenden, die länger als ein Jahr studieren müssen, erachten 15 Prozent ein hohes Gehalt als sehr wichtig. Bei den Studierenden, die mehr als zwei Jahre Studium vor sich haben, sind es sogar 21 Prozent. Die vorliegenden Daten können nicht bestätigen, dass während eines Studiums die Gehaltsvorstellungen der Studierenden – möglicherweise durch den ansteigenden Wissenserwerb – ansteigen.

Bei Betrachtung von Abbildung 17 ist eine Tendenz deutlich erkennbar: Die Ansprüche der befragten Studierenden nehmen in Bezug auf harte Faktoren wie Vergütung oder internationales Umfeld im Verlauf des Studiums ab. Der Anteil der Beurteilungen mit ‚sehr wichtig' wird kleiner. Eine mögliche Erklärung hierfür könnte sein, dass die Studierenden während ihres Studiums ein klareres Profil ihres Wunscharbeitgebers entwickeln und ihnen harte Faktoren weniger wichtig sind. Sie haben erkannt, dass es auf dem Arbeitsmarkt kaum ein Unternehmen gibt, das in allen Kategorien gleichermaßen überzeugen kann.

Ebenfalls interessant ist, dass für 54 Prozent der Befragten, deren Abschluss mehr als zwei Jahre in der Zukunft liegt, die Arbeitsplatzsicherheit sehr wichtig ist. Mit 38 Prozent erachten deutlich weniger Studierende, die weniger als zwei Jahre bis zum Abschluss benötigen, die Arbeitsplatzsicherheit als sehr wichtig. Möglicherweise nimmt die Risikoaffinität im Laufe des Studiums zu oder das Streben nach neuen Herausforderungen durch Jobwechsel wird ausgeprägter.

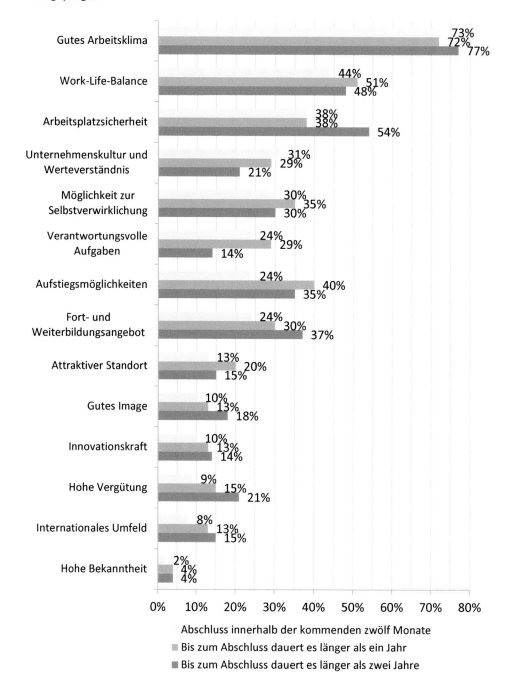

Abbildung 17: Anforderungsprofil an einen Arbeitgeber in Abhängigkeit vom Zeitpunkt des Studienabschlusses (n=337)

5.3.3. Web-2.0-Nutzungsverhalten

Welche Web-2.0-Plattformen in welcher Intensität genutzt werden, visualisiert Abbildung 18. Hier offenbart sich, dass Facebook die am häufigsten genutzte Plattform ist. Mehr als zwei Drittel der Befragten loggen sich mehrmals täglich bei Facebook ein. Überraschend ist allerdings, dass jeder Zehnte Facebook gar nicht nutzt. YouTube ist vor Facebook die Plattform, die von den meisten Befragten in Anspruch genommen wird: So nutzen 95 Prozent der Befragten YouTube – 34 Prozent mindestens einmal pro Tag und 43 Prozent mindestens wöchentlich. Online-Fachforen und Blogs werden zwar nicht in vergleichbarer Intensität wie Facebook und YouTube genutzt, aber 71 beziehungsweise 55 Prozent greifen auf diese beiden Plattformen zurück.

Der große Anteil der Personen, die die abgefragten Plattformen gar nicht nutzen, ist nahezu über alle Plattformen auffällig: So liegt etwa der Verweigerer-Anteil für Xing bei 55 Prozent und bei Twitter sogar bei 76 Prozent. Dass 92 Prozent angeben, kununu nicht zu nutzen, überrascht nicht: Hier handelt es sich um eine Plattform, die nur bei Bedarf aufgerufen wird und keine Networking-Funktionen anbietet. Die VZ-Netzwerke und LinkedIn stehen nicht in der Gunst der befragten Studierenden und werden von 66 beziehungsweise 87 Prozent nicht genutzt. Der Anteil der Personen, die sich täglich einloggt, beläuft sich lediglich auf drei beziehungsweise ein Prozent. Auch Google+ kann sich gegen Facebook nicht durchsetzen: Lediglich elf Prozent der Befragten nutzen Google+ täglich, bei Facebook sind es 69 Prozentpunkte mehr.

5. Ermittlung der Akzeptanz von Recruiting-Aktivitäten im Web 2.0 bei Nachwuchskräften

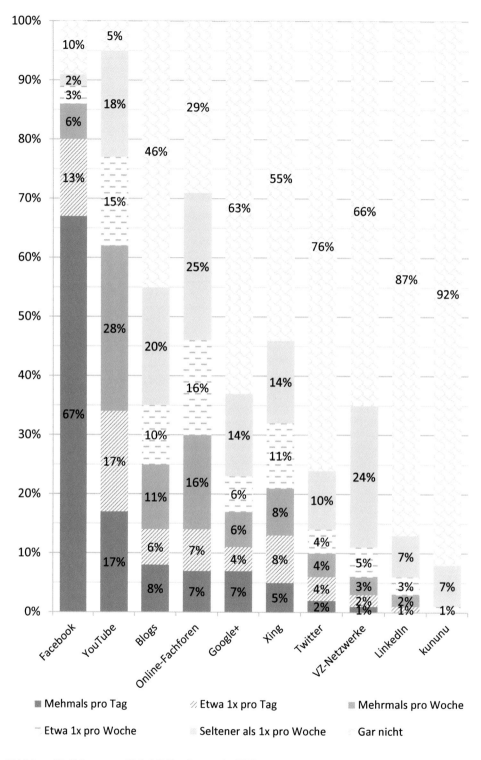

Abbildung 18: Nutzung von Web-2.0-Plattformen (n=395)

Um zu prüfen, wieso und für welche Zwecke die Studierenden Facebook nutzen, müssen die Angaben zum Nutzungsmotiv derjenigen Personen ausgewertet werden, die zuvor angaben, bei Facebook registriert zu sein. Die Häufigkeitsverteilung stellt Abbildung 19 dar. Nahezu alle Studierende geben an, Facebook für den Austausch mit privaten Kontakten zu nutzen. Fast zwei Drittel sehen in Facebook eine Möglichkeit, Zeit zu vertreiben. Ebenfalls dient Facebook häufig als Informationsquelle – sei es hinsichtlich fachlicher Themen wie Politik oder Wirtschaft (28 Prozent), Sport- und Lifestyle-Themen (25 Prozent), Arbeitgeber (14 Prozent) oder Produkte und Hersteller (13 Prozent). Hinter den sonstigen Nennungen verbergen sich die Organisation von Events und Aktivitäten mit Freunden, der Austausch mit Studienkollegen in Studiengangsgruppen, Recherchezwecke sowie die Neugierde an Aktivitäten des Freundeskreises.

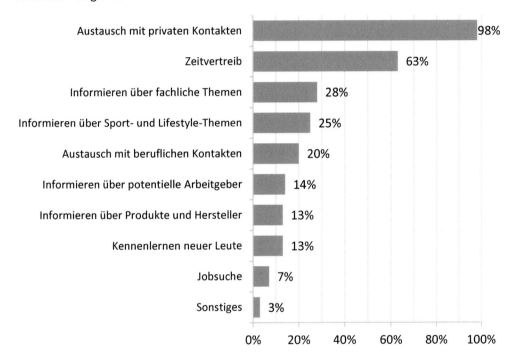

Abbildung 19: Facebook-Nutzungsmotiv (n=352)

Lediglich 14 Prozent nutzen Facebook aktuell, um sich über Arbeitgeber zu informieren. Für sieben Prozent der Befragten ist Facebook ein Kanal, der für die Jobsuche genutzt wird. Dass sich lediglich ein Fünftel via Facebook mit beruflichen Kontakten austauscht, mag entweder darauf zurückzuführen sein, dass die Studierenden noch nicht so viele berufliche Kontakte geknüpft haben oder auf die Tatsache, dass sie Facebook primär für die private Netzwerkpflege nutzen möchten. Hier schließt die Frage nach der Akzeptanz von

Arbeitgeberauftritten im Web 2.0 an. Konkret wurde gefragt, wie man es findet, dass immer mehr Arbeitgeber Facebook, Xing, YouTube und Co. zur Gewinnung von Mitarbeitern nutzen. Wie aus Abbildung 20 ersichtlich wird, begrüßen 38 Prozent Arbeitgeberpräsenzen im Web 2.0, während 50 Prozent diese nicht gut finden.

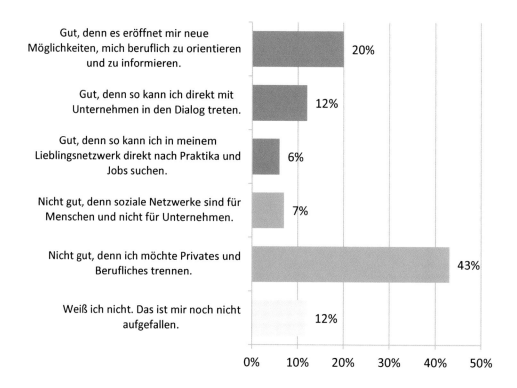

Abbildung 20: Akzeptanz von Arbeitgeberauftritten im Web 2.0 (n=390)

Fast die Hälfte der Befragten vertritt den Standpunkt, dass sie Privates und Berufliches trennen möchte. Da das dominierende Nutzungsmotiv von Facebook der Austausch mit privaten Kontakten ist, würde dies bedeuten, dass Arbeitgeber auf Facebook von einem Großteil der Befragten nicht erwünscht sind. Das persönliche Feedback vereinzelter Befragter zu dieser Frage zeigt jedoch, dass die Formulierung missverständlich war. So gibt es Anmerkungen, dass Arbeitgeberpräsenzen bei Facebook abgelehnt werden, der Kontakt mit Arbeitgebern im Business-Netzwerk Xing jedoch ausdrücklich gewünscht ist. Demnach wäre statt einer Einfachauswahl eine Matrixfrage, welche die Antwortmöglichkeiten je Plattform abfragt, sinnstiftender gewesen.

Zwölf Prozent geben an, dass sie keine Meinung zu dem Thema haben beziehungsweise dass ihnen Arbeitgeberpräsenzen im Web 2.0 noch nicht aufgefallen sind. Dieser vermeintlich hohe Prozentsatz lässt darauf schließen, dass es bislang nur wenige Arbeitgeber schaffen, mit einem ansprechenden Auftritt aufzufallen und im Gedächtnis zu bleiben.

5.3.4. Informationsverhalten

Um neue Mitarbeiter zu gewinnen, muss – wie in Kapitel 2.2. beschrieben – zunächst die Aufmerksamkeit passender Kandidaten gewonnen (Phase 1) und diese in Interesse umgewandelt werden (Phase 2). Gelingt dies, bewirbt sich der Kandidat im Idealfall bei einem Unternehmen (Phase 3). Um die Phasen der Mitarbeitergewinnung erfolgreich zu gestalten, ist es wichtig, das Informationsverhalten der Generation Y zu kennen. Hierzu wurden die Studierenden gefragt, welche Informationsquellen sie nutzen möchten, um passende Stellen zu finden, und welche Informationsquellen sie nutzen möchten, um mehr über konkrete Arbeitgeber zu erfahren. Abbildung 21 stellt die gewünschten Informationsquellen dar und unterscheidet bei der Auswertung zwischen den Antworten der männlichen und der weiblichen Befragungsteilnehmern, um geschlechtsspezifische Unterschiede im Informationsverhalten aufzudecken.

Für die Suche von passenden Stellen (Phase 1) ist die Unternehmenswebsite beziehungsweise der Karrierebereich der Website mit 82 Prozent die beliebteste Informationsquelle der befragten Studenten, während die Studentinnen die vermuteten Online-Jobbörsen (89 Prozent) bevorzugen. Für die Studenten stellen Online-Jobbörsen mit 81 Prozent die zweitwichtigste Informationsquelle dar und bei den Studentinnen liegen die Unternehmenswebsite und der Karrierebereich mit 79 Prozent auf dem zweiten Platz. Dass Unternehmenswebsite und Karrierebereich jedoch als Informationsquelle für passende Stellen eine derart hohe Bedeutung einnehmen, lässt darauf schließen, dass ein Großteil der Befragten bereits bestimmte Arbeitgeber präferiert und gezielt auf deren Internetpräsenzen nach passenden Stellen sucht. Wird nicht unmittelbar bei einem Wunscharbeitgeber gesucht, spielen Suchmaschinen, der Familien-, Freundes- und Bekanntenkreis sowie Kontakte bei Hochschulevents und zu Professoren geschlechtsunabhängig eine wichtige Rolle für die Stellensuche. Auffällig ist, dass Fachzeitschriften und Tageszeitungen für Frauen wichtigere Informationsquellen als für Männer sind: Mehr als Dreiviertel der Studentinnen geben an, dass sie in Printmedien passende Stellen finden möchten. Bei den Männern sind es weniger als zwei Drittel, die auf Fachzeitschriften und Tageszeitungen für die Stellensuche zurückgreifen möchten.

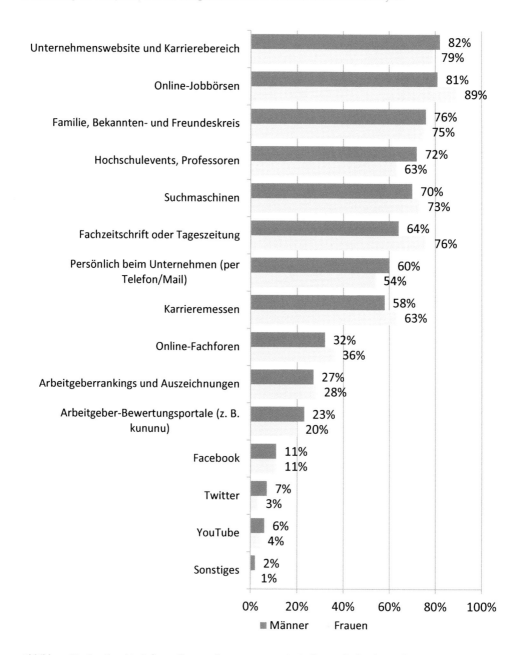

Abbildung 21: Gewünschte Informationsquellen, um passende Stellen zu finden (n=380)

Sehr ernüchternd ist der Einfluss von Social-Media-Plattformen im Rahmen der ersten Phase der Mitarbeitergewinnung, wenn es darum geht, auf sich als Arbeitgeber aufmerksam zu machen. So belegen Facebook, Twitter und YouTube die letzten Plätze der beliebtesten Informationsquellen: Lediglich elf Prozent der Befragten würden Facebook nutzen, um passende Stellen zu suchen. Auf Twitter würden sieben Prozent der männlichen und drei Prozent der weiblichen Befragungsteilnehmer zurückgreifen. YouTube ist für sechs Prozent der Männer und für vier Prozent der Frauen relevant. Unter den sonstigen Nennungen dominiert Xing: Einzelne Personen würden es begrüßen, in Gruppen und per Nachricht von HR-Mitarbeitern oder Personalberatern von zu ihrem Profil passenden Stellen zu erfahren.

Bei der Frage, welche Informationsquellen genutzt werden, um sich über einen konkreten Arbeitgeber zu informieren (Phase 2), schneiden die Social-Media-Plattformen besser ab, liegen jedoch erneut weit hinter Printmedien wie Tageszeitung und Fachzeitschrift. Zwar belegen Facebook, Twitter und YouTube noch immer die hinteren Ränge, dennoch empfindet ein deutlich größerer Anteil der Befragten die Plattformen als relevant: Aus Abbildung 22 geht hervor, dass etwa ein Drittel der Studierenden Facebook nutzt, um sich über einen bestimmten Arbeitgeber tiefergehend zu informieren. YouTube beziehungsweise Twitter möchten immerhin 25 beziehungsweise 19 Prozent der Studenten und 17 beziehungsweise elf Prozent der Studentinnen nutzen.

Wenngleich ein Großteil der Befragten in sozialen Netzwerken nicht mit Unternehmen in den Dialog treten möchte, würden 42 Prozent der Studenten und 44 Prozent der Studentinnen per Telefon oder Mail weitere Informationen zu dem Arbeitgeber erfragen. Wird der persönliche Kontakt zum Unternehmen gesucht, liegen demnach klassische Kommunikationswege deutlich höher in der Gunst der Studierenden, als die Alternativen, die das Web 2.0 bietet.

Geschlechtsunabhängig sind Unternehmenswebsite und Karrierebereich die wichtigsten Informationsquellen, um mehr über einen konkreten Arbeitgeber zu erfahren. Persönliche Kontakte sind ebenfalls von großer Bedeutung und belegen mit 65 beziehungsweise 66 Prozent den zweiten Platz. Diese Zahlen sprechen für den Einsatz von sogenannten ‚Mitarbeiter-werben-Mitarbeiter-Programmen'. Hierbei machen sich Unternehmen das persönliche Netzwerk ihrer Belegschaft für die Rekrutierung neuer Mitarbeiter zunutze und belohnen eine zur Einstellung führende Empfehlung mit einer Prämie.

Um sich über einen konkreten Arbeitgeber detailliert zu informieren, werden Arbeitgeberrankings und Auszeichnungen von knapp der Hälfte der befragten Männer und von 59 Prozent der Frauen Aufmerksamkeit beigemessen. Ebenfalls offenbart sich der erhebliche Einfluss von Arbeitgeber-Bewertungsportalen wie beispielsweise kununu: 40 Prozent der Studenten und 38 Prozent der Studentinnen würden auf Bewertungsportale zurückgreifen, um mehr über einen Arbeitgeber zu erfahren.

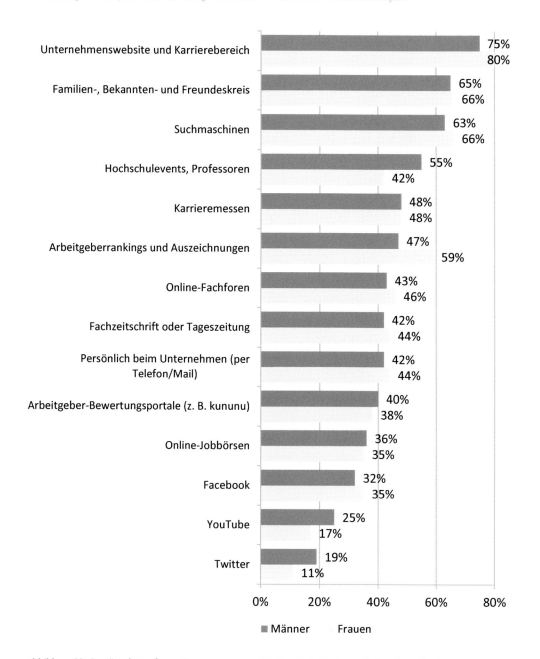

Abbildung 22: Gewünschte Informationsquellen, um sich über Arbeitgeber zu informieren (n=380)

5.3.5. Recruiting-Aktivitäten – Vertrauen und Anforderungen

Verschiedenen Informationsquellen wird in unterschiedlichem Maß Vertrauen entgegen gebracht. Für Arbeitgeber ist es daher wichtig, zu wissen, wem oder was die Vertreter der

Generation Y bei Jobsuche und Recherche zu Arbeitgebern vertrauen. Als vertrauenswürdigste Quelle bringt die Studentenbefragung Arbeitgeberrankings und Auszeichnungen hervor. Abbildung 23 ist zu entnehmen, dass 44 Prozent der Befragten diesen vertrauen oder sogar sehr stark vertrauen. Ein Siegel wie etwa BERUFUNDFAMILIE oder eine gute Platzierung bei einer Erhebung des GREAT PLACE TO WORK INSTITUTE scheinen ein Indiz für gewisse Arbeitgeberqualitäten zu sein. Überraschenderweise genießen Informationen auf der Unternehmenswebsite und im Karrierebereich ebenfalls ein hohes Maß an Vertrauen. 42 Prozent sagen, dass sie in diese Informationsquelle vertrauen oder sehr stark vertrauen. Hier sei jedoch bereits darauf verwiesen, dass viele der Studierenden die offene Frage[162] im Rahmen der Befragung nutzten, um ihren Wunsch nach authentischen Informationen statt nach generischen, von der Marketingabteilung formulierten Texten zu äußern.

Um ein differenzierteres Meinungsbild zu schaffen, wäre es sinnvoll, das Vertrauen in konkrete Inhalte einer Unternehmenswebsite zu erfragen. Möglicherweise vertrauen Studierende in die Beschreibung von ausgeschriebenen Stellen, aber nicht in die Informationen zum Arbeitsumfeld und zur Unternehmenskultur.

Bei der Meinungsbildung über einen Arbeitgeber stellen Beiträge in Online-Fachforen ebenfalls eine relevante Informationsquelle dar: 32 Prozent der Befragten gaben an, dass sie diesen (sehr stark) vertrauen. 19 Prozent vertrauen ihnen eher nicht beziehungsweise gar nicht.

Bewertungen in Arbeitgeber-Bewertungsportalen beeinflussen ebenfalls das Bild, dass sich die befragten Studierenden von einem Unternehmen machen. Die Hälfte gibt an, dass sie Bewertungen tendenziell vertraut. Allerdings ist auch auffällig, dass ein Drittel der Befragten keine Meinung zu Bewertungen in Arbeitgeber-Bewertungsportalen hat. Möglicherweise sind dies diejenigen Personen, die kununu bislang nicht kannten oder noch nicht genutzt haben.

Facebook genießt kein sehr großes Vertrauen bei den Studienteilnehmern. Lediglich 14 Prozent führen an, dass sie Infos, die ein Arbeitgeber auf Facebook zur Verfügung stellt, vertrauen oder sehr stark vertrauen. Kommentare von einer Person, die den entsprechenden Arbeitgeber zu kennen scheint, genießen das Vertrauen von neun Prozent der Befragten. Während etwa jeder Zehnte den von Unternehmen veröffentlichen Informationen gar nicht vertraut, ist es sogar etwa jeder Fünfte, der den Kommentaren von unternehmensnahen Personen nicht vertraut. Auch die Möglichkeit, Mitarbeiter in Videos von ihrer Ar-

---

[162] In Kapitel 5.3.7. erfolgt die Auswertung der Antworten auf die offene Frage.

beit berichten zu lassen, wird als wenig vertrauenserweckend empfunden. 57 Prozent vertrauen Mitarbeitervideos eher nicht bis gar nicht. Diese Ergebnisse werfen die Frage auf, wie und ob man bei Facebook Mitarbeiter erfolgreich als Markenbotschafter in die Kommunikation mit der jungen Zielgruppe einbinden kann.

Abbildung 23: Vertrauen in Informationsquellen (n=367)

Die Auswertung der sonstigen Nennungen zeigt, dass der Meinungsbildungsprozess bezüglich eines Arbeitgebers sowohl online als auch offline erfolgt. Einzelne Nennungen weisen darauf hin, dass persönlichen Kontakten im Familien-, Freundes- und Bekanntenkreis sehr stark vertraut wird. Auch der objektiven Berichterstattung in einer Fachzeitschrift über einen Arbeitgeber wird starkes Vertrauen geschenkt, wenn erkennbar ist, dass der Artikel nicht von dem betroffenen Unternehmen platziert wurde. Die Kontaktaufnahme mit einem Mitarbeiter via E-Mail wird von einer Person als Möglichkeit gesehen, um an vertrauenswürdige Informationen zu gelangen.

Um zu prüfen, ob eine schlechte Bewertung in einem Arbeitgeber-Bewertungsportal dazu führen kann, dass sich eine zuvor interessierte Person nicht bewirbt, erfasste die Online-Befragung an späterer Stelle anhand eines konkreten Beispiels erneut das Vertrauen und die Wirkung von Informationen auf einer Karrierewebsite zusammen mit einer Bewertung bei kununu.

Nach Präsentation einer Textpassage[163] aus dem Karrierebereich der Website eines Konsumgüterherstellers sollten die Studierenden angeben, wie ansprechend sie das beschriebene Unternehmen finden.

Ohne zu wissen, um welches Unternehmen es sich handelt, finden neun Prozent den beschriebenen Arbeitgeber und die Arbeitsatmosphäre sehr ansprechend und 34 Prozent ansprechend. Fast die Hälfte teilt mit, der Arbeitgeber spreche sie weniger (32 Prozent) oder gar nicht (17 Prozent) an. Abbildung 24 zeigt, dass acht Prozent allein auf Basis des Auszugs aus der Karrierewebsite kein Urteil über den Arbeitgeber abgeben möchten.

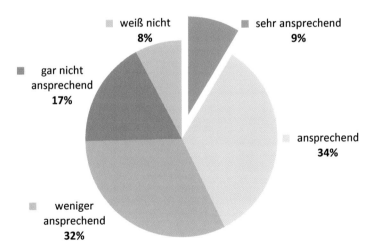

Abbildung 24: Wirkung einer Textpassage aus dem Karrierebereich eines Konsumgüterherstellers (n=342)

---

[163] Henkel (o. J.) Folgender Text wurde unter Auslassung des Unternehmensnamens in der Befragung platziert: „Arbeit soll Spaß machen, sagen die einen. Wir von Henkel brennen für unsere Aufgaben, wir inspirieren uns gegenseitig und wir wachsen gemeinsam an immer neuen Herausforderungen. Welche das im Einzelnen auch sind: Wir setzen alles daran, sie mit Exzellenz zu meistern. Wir lieben Abwechslung, sagen die einen. Wir von Henkel leben Veränderung und Vielfalt – Tag für Tag. Keine Aufgabe ist wie die andere. Wir gehen neue Wege, geleitet von Pioniergeist, Abenteuerlust und Kreativität. So treiben wir Innovationen voran. Wir reagieren nicht, wir geben den Takt an. Wir denken unternehmerisch und handeln proaktiv. Wir entwickeln Märkte und gestalten Zukunft: in einem intensiven Miteinander, das geprägt ist von gegenseitigem Respekt, Verlässlichkeit und Fairness."

Anschließend wurde im Fragebogen eine sehr negative Bewertung[164] abgebildet, die ein Mitarbeiter des Unternehmens auf kununu veröffentlichte. Wie Abbildung 25 visualisiert, sagen 81 Prozent der Befragten, dass sie im Internet nach weiteren Informationen suchen würden, um sich ein besseres Bild über das bewertete Unternehmen machen zu können. 43 Prozent äußern eine gewisse Skepsis, würden sich allerdings bewerben, um sich nach einem möglichen Vorstellungsgespräch eine Meinung über den Arbeitgeber bilden zu können. Etwa ein Viertel der Befragten geht davon aus, dass der Verfasser der Bewertung persönlichen Frust äußern wollte.

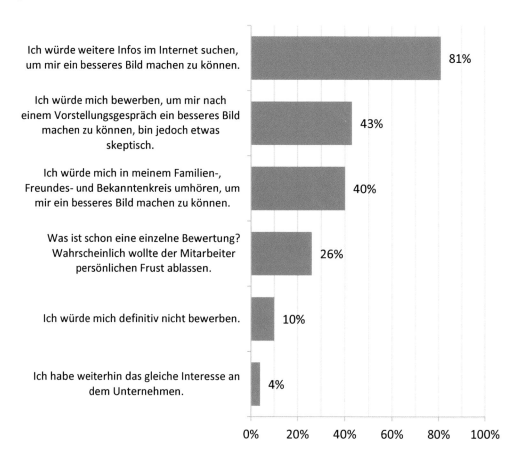

Abbildung 25: Wirkung einer Bewertung eines Konsumgüterherstellers auf der Plattform kununu (n=339)

In Tabelle 3 wird in absoluten Zahlen dargestellt, wie ansprechend die Personen den Konsumgüterhersteller als Arbeitgeber zuvor bewerteten, die entweder angeben, dass sie keinesfalls eine Bewerbung an das Unternehmen schicken würden (zehn Prozent; 33 Per-

---

[164] Die Bewertung wurde über den Link www.kununu.com/de/all/de/hg/henkel-aa/a/SUBvVF90 am 20.02.2012 aufgerufen.

sonen), oder die unabhängig von der Bewertung weiterhin das gleiche Interesse zeigen (vier Prozent; 13 Personen).

Tabelle 3: Auswirkung einer negativen Bewertung auf das Interesse an einem Arbeitgeber

	Ich würde mich definitiv nicht bewerben.	Ich habe weiterhin das gleiche Interesse an dem Unternehmen.
sehr ansprechend	5	1
ansprechend	7	4
weniger ansprechend	10	4
gar nicht ansprechend	9	4
weiß nicht	2	0
Σ	33	13

Fünf Personen, die das Unternehmen zunächst als sehr ansprechend empfanden, würden sich nach Kenntnis der negativen Bewertung definitiv nicht bewerben. Weitere sieben Personen bewerteten das Unternehmen als ansprechend, würden aufgrund der Bewertung jedoch von einer Bewerbung absehen. Eine einzelne schlechte Bewertung in einem Arbeitgeber-Bewertungsportal kann demnach dazu führen, dass sich eine zuvor interessierte Person doch nicht bewirbt.

Hier offenbart sich eine nicht zu unterschätzende Macht von Arbeitgeber-Bewertungsportalen: Aufgrund einer einzelnen negativen Bewertung bei kununu ändern zwölf Personen, die den Arbeitgeber zuvor noch als ansprechend oder sogar sehr ansprechend beurteilten, ihre Meinung: Ohne Nutzung weiterer Informationsquellen würden sie sich nicht mehr bewerben. Somit gehen dem betroffenen Arbeitgeber möglicherweise Bewerbungen von passenden Kandidaten verloren.

Lediglich eine einzelne Person, die nach dem Lesen des Auszugs aus dem Karrierebereich den Arbeitgeber sehr ansprechend findet, hat trotz der negativen Bewertung weiterhin das gleiche Interesse. Dass 19 Personen, die den Konsumgüterhersteller zuvor als weniger oder gar nicht ansprechend empfanden, sich aufgrund der negativen Bewertung nicht bewerben würden, überrascht nicht. Offenbar entspricht das Unternehmen in für sie relevanten Eigenschaften nicht dem persönlichen Anforderungsprofil an einen Arbeitgeber. Eine negative Bewertung ändert diese Einstellung nicht.

Im nächsten Schritt wurden die gewünschten Gesprächspartner auf Arbeitgeberseite erfasst. 73 Prozent der Befragten geben an, dass Mitarbeiter aus dem für sie relevanten

Fachbereich Informationen im Internet und insbesondere auf Social-Media-Plattformen bereitstellen sollen. Mit 17 Prozentpunkten weniger liegen Führungskräfte aus dem Fachbereich, für den sich die Befragten interessieren, auf Platz 2 der gewünschten Ansprechpartner auf Arbeitgeberseite.

Wie Abbildung 26 zeigt, wünscht etwa ein Drittel der Studierenden, dass Mitarbeiter aus der Personalabteilung als Gesprächspartner im Web 2.0 zur Verfügung stehen. Dass Mitarbeiter aus dem Bereich Marketing und Kommunikation Informationen bereitstellen und als Ansprechpartner zur Verfügung stehen, wünschen sich 27 Prozent. Mit deutlichem Abstand belegt das Top-Management (14 Prozent) den letzten Platz: Hier ist zu vermuten, dass Vertreter der Generation Y einen Dialog auf Augenhöhe suchen, den sie sich am ehesten mit potentiellen zukünftigen Kollegen vorstellen können – dies sind Mitarbeiter und Führungskräfte aus der für sie relevanten Fachabteilung, nicht aber das Top-Management.

Abbildung 26: Gewünschte Gesprächspartner auf Arbeitgeberseite (n=355)

Abbildung 26 verdeutlicht, dass eine Zusammenarbeit von Fachabteilung und Personalbereich bei der Pflege von Webauftritten sinnvoll ist: So könnten beispielsweise HR-Mitarbeiter allgemeine Informationen zu Bewerbungsprozess, Arbeitsbedingungen und Sonderleistungen geben, während es die Mitarbeiter aus dem Fachbereich sind, die Einblicke in den Arbeitsalltag gewähren und realistische Anforderungsprofile formulieren können.

Um konkrete Anhaltspunkte für die Ausgestaltung einer Karrierewebsite sowie für einen auf Mitarbeitergewinnung ausgerichteten Auftritt im Web 2.0 zu erhalten, wurden neben den gewünschten Gesprächspartnern auch inhaltliche Anforderungen an eine Karrierewebsite sowie an ein Profil auf einer externen Plattform erfasst. Die Gegenüberstellungen der gewünschten Inhalte in Abbildung 27 und Abbildung 28 zeigen, dass die befragten Studierenden stark voneinander abweichende Vorstellungen von den gewünschten Inhalten eines Karrierebereichs im Vergleich zu den Inhalten bei einem Arbeitgeberauftritt auf einer externen Plattform haben.

Bei den gewünschten Inhalten ist eine deutliche Tendenz zu erkennen: Während der Karrierebereich einer Website eher informativ gestaltet sein soll, darf es auf externen Web-2.0-Plattformen emotionaler sein. So finden sich unter den Top 10 der gewünschten Inhalte in einem Karrierebereich primär Informationen, Fakten und Rahmenbedingungen: Mit 96 Prozent sind Stellenausschreibungen die für die Studierenden wichtigsten Inhalte. Ebenfalls wünschen sich mindestens 80 Prozent, dass im Karrierebereich die Erwartungshaltung an passende Kandidaten (91 Prozent), Details zum Bewerbungsprozess (87 Prozent), Entwicklungsperspektiven (86 Prozent) sowie Kontaktdaten von Mitarbeitern (80 Prozent) dargestellt werden.

Die im Karrierebereich gewünschten Inhalte sind primär die, die durch den Personalbereich zur Verfügung gestellt werden könnten. Erfahrungsberichte von potentiellen Kollegen und Einblicke mittels Bild- oder Videomaterial werden von weniger als der Hälfte der Befragten gefordert. Auffällig ist ebenfalls, dass weit mehr Informationen als lediglich zum Bewerbungsprozess oder einer konkreten Stelle gewünscht sind: Die Studierenden interessieren sich auf der Website eines Arbeitgebers zum Großteil auch für Unternehmensvision und Unternehmensziele (77 Prozent), für Informationen zu Unternehmenskultur und Werteverständnis (76 Prozent) sowie für Corporate Social Responsibility (CSR) (59 Prozent). Diese Ergebnisse stimmen mit dem in Kapitel 5.3.2. definierten Anforderungsprofil an einen potentiellen Arbeitgeber überein – dort werden ein gutes Arbeitsklima und eine ausgewogene Work-Life-Balance von den meisten Befragten als sehr wichtig beurteilt.

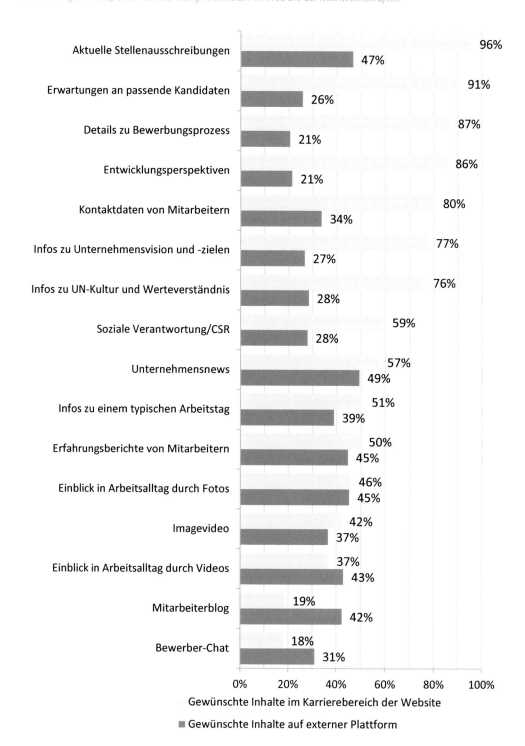

Abbildung 27: Gewünschte Inhalte im Karrierebereich der Unternehmenswebsite (n=345)

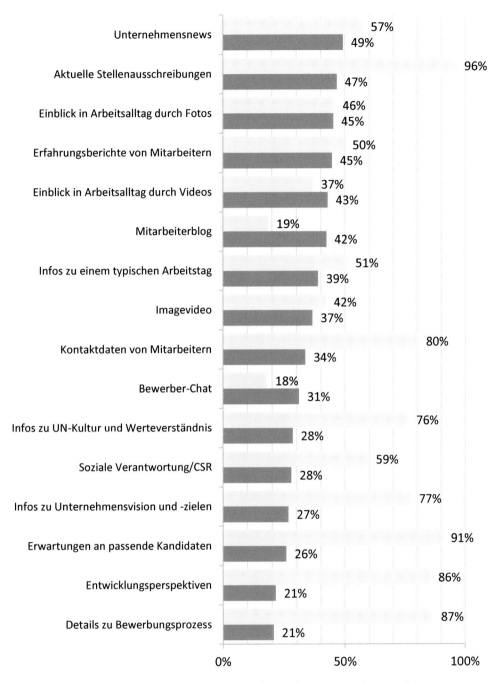

Abbildung 28: Gewünschte Inhalte auf externer Plattform (n=345)

Bei den gewünschten Inhalten im Karrierebereich einer Website erzielen aktuelle Stellenausschreibungen mit 96 Prozent die meisten Nennungen und lassen einen Bewerberchat, der von 18 Prozent erwünscht ist, weit hinter sich. Hier zeigt sich, dass die Befragten ein klares und differenziertes Vorstellungsbild von einem Karrierebereich haben. Es gibt Inhalte, die von deutlich mehr als 80 Prozent der Befragten gewünscht sind und damit in einem Karrierebereich nicht fehlen sollten. Ein ähnlich stark ausgeprägtes Bild des ideal ausgestatteten Recruiting-Auftrittes im Web 2.0 kann nicht geschaffen werden: Wie Abbildung 28 zeigt, sind Unternehmensnews mit 49 Prozent vor aktuellen Stellenangeboten (47 Prozent) der Inhalt, der von den meisten Studierenden gewünscht wird. Dies passt zu dem in Kapitel 5.3.3. dargestellten Ergebnis, dass knapp die Hälfte Berufliches und Privates im Internet trennen möchte. Folglich wünscht dieser Anteil keine Recruiting-Auftritte im Web 2.0 und hat demnach auch keine konkreten Anforderungen an diese.

Die Häufigkeitsverteilung in Abbildung 28 offenbart auch, dass auf externen Plattformen emotionale und vor allem multimediale Inhalte stärker gefragt sind als im Karrierebereich eines Unternehmens. Knapp die Hälfte der Befragten wünscht sich Einblicke in den Arbeitsalltag durch Fotos oder Videos sowie Erfahrungsberichte von Mitarbeitern. Hier ist die Mitarbeit des Fachbereichs gefragt, der mithilfe von Fotos oder Videos authentische Einblicke gewähren kann. Einen Blog, in dem Mitarbeiter berichten, wünschen sich 42 Prozent, einen Bewerberchat wünschen sich 31 Prozent. Erwartungen an passende Kandidaten (26 Prozent), Entwicklungsperspektiven und Details zum Bewerbungsprozess (je 21 Prozent) – drei Inhalte, die auf Karrierewebsites nach Meinung der meisten Studierenden nicht fehlen dürfen – werden von der Mehrheit nicht als relevante Inhalte auf einer externen Plattform empfunden und sind die am wenigsten häufig gewünschten Inhalte.

Es ist die deutliche Tendenz erkennbar, dass Bild- und Videoimpressionen auf Plattformen im Web 2.0 eher gewünscht sind und dass im Karrierebereich der Website insbesondere Informationen zu Entwicklungsperspektiven und Erwartungen an einen passenden Kandidaten gefordert werden. Während im Karrierebereich primär Fakten gefragt sind, dürfen Mitarbeiter einem Auftritt auf einer externen Plattform durchaus ein Gesicht geben – sei es durch Fotos oder Videos – und diesen somit emotionaler gestalten.

5.3.6. Erfahrungen und Kontaktpunkte mit Arbeitgebern im Web 2.0

Im Rahmen der Befragung wurden auch die bisherigen Erfahrungen und Kontaktpunkte mit Arbeitgebern im Web 2.0 erfasst. Auf die Frage, ob man in der Vergangenheit bereits einmal Fan, Follower beziehungsweise Abonnent (im Folgenden nur Fan) eines Arbeitgebers geworden ist, weil man sich von dessen Social-Media-Aktivitäten angesprochen fühlte, antworten 72 Prozent mit ‚Nein'. Aus Abbildung 29 wird ersichtlich, dass weniger als ein Viertel der Befragungsteilnehmer die Frage bejaht. Nur jeder Zehnte ist schon mehrfach Fan eines Arbeitgebers im Web 2.0 geworden.

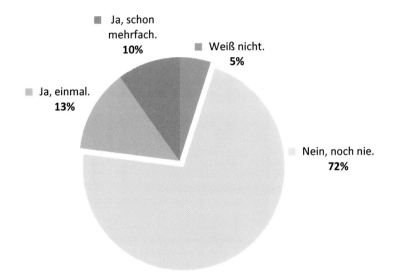

Abbildung 29: Häufigkeit Fanwerden von Arbeitgebern (n=341)

Diese Zahlen sind ernüchternd, wurde der Einsatz von Social Media in der Mitarbeitergewinnung bislang als idealer Weg gesehen, um Vertreter der Generation Y für sich zu gewinnen. Da die durchgeführte Befragung keinen repräsentativen Charakter hat, besitzt dieses Ergebnis keine Allgemeingültigkeit – dennoch wirft die deutliche Tendenz ein großes Fragezeichen auf.

Bei der Auswertung der Gründe für das Fanwerden liegt mit 77 Prozent das Interesse an Unternehmensnews ganz vorn. Wie Abbildung 30 zeigt, folgt mit Nennung durch 54 Prozent der befragten Studierenden auf Rang 2 der Grund, dass man bereits bei dem Unternehmen gearbeitet hat. Der bereits bestehende Kontakt hat dazu motiviert, den Arbeitgeber im Social-Media-Umfeld weiter zu verfolgen.

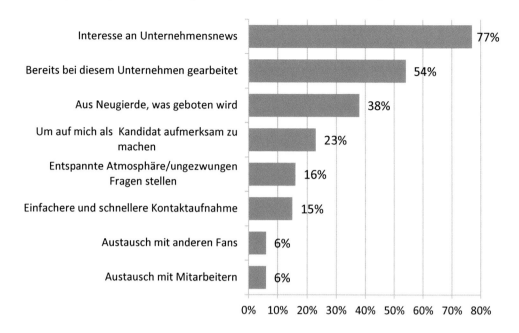

Abbildung 30: Grund für Fanwerden (n=81)

Knapp ein Viertel der Befragten wird Fan eines Arbeitgebers, um auf sich als passenden Kandidat aufmerksam zu machen. Die Möglichkeit zum Dialog nutzen im Web 2.0 nur wenige: Lediglich 16 Prozent geben an, dass sie in der Vergangenheit Fan eines Arbeitgebers wurden, um in entspannter Atmosphäre ungezwungen Fragen stellen zu können. Auch die einfachere und schnellere Kontaktaufnahme mit dem Arbeitgeber beziehungsweise dem Personalbereich ist nur für 15 Prozent Motiv für das Fanwerden. Den Austausch mit anderen Fans und Mitarbeitern des jeweiligen Arbeitgebers nennen jeweils sechs Prozent der Studierenden als Grund. Primär geht es den Befragten also darum, passiv Informationen zu konsumieren. Von der Möglichkeit der Many-to-Many-Kommunikation wird kaum Gebrauch gemacht.

Eine anschließende Frage soll Klarheit schaffen, ob das Fansein bedeutet, dass das betroffene Unternehmen ein attraktiver Arbeitgeber darstellt. Wie Abbildung 31 entnommen werden kann, verneint dies mehr als die Hälfte. 32 Prozent nennen als Grund, dass sie sich detailliert über einen Arbeitgeber informieren wollten und dazu Fan von ihm geworden sind. Weitere 21 Prozent wurden Fan, da ihnen die Produkte beziehungsweise Dienstleistungen des Unternehmens gefallen. Für 38 Prozent der Studierenden hängen Fanwerden und Attraktivität des Arbeitgebers eng miteinander zusammen: Sie sind aus dem Grund Fan geworden, weil sie in dem betroffenen Unternehmen einen attraktiven Arbeitgeber sehen.

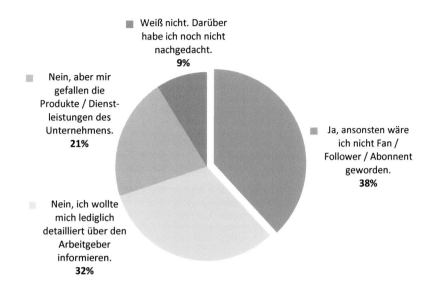

Abbildung 31: Zusammenhang zwischen Fansein und Arbeitgeberattraktivität (n=81)

Betrachtet man Abbildung 30 und Abbildung 31, kann festgehalten werden, dass Rückschlüsse von der Fanzahl eines Unternehmens auf die von der Generation Y empfundene Attraktivität nicht möglich sind. Nur weil ein Unternehmen auf einem auf Recruiting ausgerichteten Auftritt bei einer Web-2.0-Plattform mehr Fans als ein Wettbewerber hat, kann nicht davon ausgegangen werden, dass er von der umworbenen Zielgruppe auch als attraktiver wahrgenommen wird. Vielmehr ist häufig das Interesse an Unternehmensnews oder Produkten sowie eine Beschäftigung in der Vergangenheit – etwa als Praktikant oder Werkstudent – Grund für das Fanwerden. Die Anzahl der Fans stellt demnach keine Wertung der Qualitäten eines Arbeitgebers dar.

5.3.7. Ergänzende Ideen, Gedanken und Anmerkungen der befragten Studierenden

Vor der Erhebung der soziodemografischen Daten am Ende der Befragung wurde den Studierenden eine offene Frage gestellt, die Raum gab, um persönliche Gedanken und Ideen mitzuteilen. Insgesamt nutzten 130 Personen diese Frage, um mitzuteilen, wie ein Arbeitgeber im Web auftreten soll, was er bieten muss oder wie er die junge Zielgruppe auf dem Arbeitsmarkt erreichen kann. Offensichtlich widmet sich die Befragung einem wichtigen Thema, mit dem sich eine Vielzahl der Befragten bereits auseinandergesetzt beziehungsweise zu dem sie eine klare Haltung entwickelt hat.

Abbildung 32: Word Cloud Mitarbeitergewinnung im Web 2.0 – Anmerkungen der Studierenden (n=130)

Die Word Cloud[165] in Abbildung 32 visualisiert, dass es Begriffe wie *seriös*, *persönlich*, *Standardphrasen*, *authentisch*, *übersichtlich* und *klar* sind, die häufig in den Anmerkungen der Studierenden vorkommen. Nachfolgend werden die zentralen Aussagen sowie ergänzende Anmerkungen dargestellt.

Die Studierenden ziehen einen klar strukturierten, aktuellen und modern gestalteten Karrierebereich auf der Website eines Unternehmens einem Auftritt im Web 2.0 vor. Damit vertreten die Befragten ebenso wie KÜFFNER die Meinung, dass der Karrierebereich das Herzstück im Mitarbeitergewinnungsprozess darstellt (vgl. Kapitel 4.3.7.). Gegenüber dem Einsatz von Profilen im Web 2.0 sind die meisten Befragungsteilnehmer skeptisch, da sie in der Regel Privates und Berufliches trennen möchten. Werden Xing und Facebook von den Studierenden für die Gestaltung ihrer berufliche Zukunft genutzt, dann nur als ergänzende Informationsquelle, um mehr über einen bereits bekannten Arbeitgeber zu erfahren.

Analog zu der Trennung von Beruflichem und Privatem im Social-Media-Umfeld wünschen sich die Studierenden einen persönlichen Umgang, aber mit einer gewissen Distanz zu Arbeitgeber und Vorgesetzten. Das Duzen im Karrierebereich und auf Web-2.0-Plattformen lehnen sie ab. Bei der Ausgestaltung des Karrierebereichs sind konkrete Mitarbeiterportraits inklusive Darlegung der Laufbahn gewünscht, um einen Eindruck davon zu erhalten, mit welchen Qualifikationen welche Aufgaben übernommen werden können.

---

[165] Die Word Cloud wurde auf www.wordle.net generiert. Nach Einfügen aller Antworten auf die offene Frage wird ein Bild generiert, das Wörter umso größer darstellt, je häufiger sie in dem eingegebenen Text vorkommen.

Die Anmerkungen der Studierenden bei der offenen Abschlussfrage bestätigen das Ergebnis aus Kapitel 5.3.5., dass der Karrierebereich eher informativ gestaltet sein soll, während Web-2.0-Plattformen durchaus Emotionen ansprechen dürfen.

Nach Auswertung der offenen Frage können weitere Aussagen über die Relevanz verschiedener Plattformen getroffen werden: Facebook und Xing scheinen die einzigen für die Mitarbeitergewinnung am ehesten akzeptierten Plattformen zu sein. Twitter und Google+ sowie weiteren Netzwerken kommt dagegen keine nennenswerte Bedeutung zu. Xing wird primär als reiner Informationskanal gesehen: Einige Studierende begrüßen es, per Nachricht auf zum Profil passende Stellenangebote aufmerksam gemacht zu werden, und nutzen die Stellenbörse in Xing. Die eigenständigen Stellenbörsen Monster und Stepstone werden als wichtige Onlinequellen genannt, um passende Stellen zu finden. Bezüglich Facebook sind sich die Befragten weniger einig: Während manche dort gar keine Präsenz oder lediglich ein gepflegtes Unternehmensprofil wünschen, erachten andere einen Auftritt bei Facebook als Pflicht und möchten dort Einblicke in den Arbeitsalltag erhalten.

Weiter wurde deutlich, dass die Befragten realistische Anforderungsprofile in Stellenausschreibungen fordern, in denen sie sich wiederfinden. In diesem Kontext gaben viele Studierende an, dass es ihnen wichtig ist, als Bewerber mit ihren in Praktika und Studium erworbenen Qualifikationen ernst genommen und respektvoll behandelt zu werden. Sie sind sich bewusst, dass ein Arbeitgeber genauso wenig perfekt sein kann wie sie selbst, und sie möchten als Individuen wahrgenommen werden. Aus diesem Grund stoßen genau die Informationen im Karrierebereich oder im Web 2.0 auf Akzeptanz, die authentisch und unternehmensindividuell sind. Generische Marketingtexte werden eher als abstoßend und unattraktiv empfunden. Vielmehr sollen Ecken und Kanten dargestellt werden, die den Charakter eines Arbeitgebers ausmachen. Der Arbeitsalltag wird idealerweise auf natürliche und kreative Art präsentiert – eine unkonventionell formulierte Stellenanzeige und multimediale, authentische Inhalte treffen den Geschmack der jungen Zielgruppe.

Die Studierenden wünschen Einblicke in den für sie relevanten Fachbereich und möchten leicht mit einem Ansprechpartner aus dem Fachbereich in Kontakt treten können. Die Möglichkeit, sich mit Mitarbeitern eines Unternehmens bei Facebook zu unterhalten, trifft allerdings auf wenig Akzeptanz. Dort ziehen die Befragten das passive Konsumieren von Inhalten vor. Lieber würden sie zum Telefon greifen oder eine E-Mail an einen Mitarbeiter aus dem für sie relevanten Fachbereich schreiben, um konkrete Fragen stellen zu können.

Die Auswertung der Befragung und speziell der offenen Frage offenbart, dass sich die befragten Studierenden in ihrer allgemeinen Erwartungshaltung als nicht so anspruchsvoll erweisen, wie es den Vertretern der Generation Y häufig nachgesagt wird. Vielmehr scheinen Werte wie Glaubwürdigkeit, Transparenz und Vertrauen – den in Kapitel 4.1. genannten Erfolgsfaktoren – von großer Bedeutung zu sein. Genau wie mit ihren Mitmenschen fordern sie einen fairen Umgang zwischen Arbeitgeber und Arbeitnehmer und möchten als Mensch mit ihrem individuellen Profil aus Soft Skills und Hard Skills Wertschätzung erfahren. Diese grundlegenden Ansprüche spiegeln sich auch in den Anforderungen an und der Akzeptanz von Recruiting-Aktivitäten im Web 2.0 wider.

Um die Stimmen der Befragungsteilnehmer unmittelbar und unzensiert[166] einfließen zu lassen, stellt Abbildung 33 Auszüge aus den Anmerkungen der befragten Studierenden dar. Die ausgewählten Gedanken wurden so ausgewählt, dass sie ein Thema oder ein Anliegen wiedergeben, das von einer Vielzahl der Befragten mit ähnlichen Worten genannt wurde.

---

[166] Bei den Beiträgen wurde lediglich die Rechtschreibung korrigiert.

Abbildung 33: Mitarbeitergewinnung im Web 2.0 – Auszüge aus den Anmerkungen der Studierenden

6. Handlungsempfehlungen und Impulse für die Nachwuchsgewinnung im Web 2.0

Basierend auf den Studienergebnissen werden nachfolgend Handlungsempfehlungen für die Nachwuchsgewinnung im Web 2.0 ausgesprochen. Hierbei wird den Befragungsergebnissen Rechnung getragen und der Schwerpunkt nicht auf Maßnahmen in sozialen Netzwerken gesetzt. Es werden Impulse gegeben, wie das Thema Nachwuchsgewinnung innerhalb eines Unternehmens ganzheitlich angegangen werden kann. Weiter wird dargestellt, wie Arbeitgeber im Internet auftreten sollten, um auf sich aufmerksam zu machen, das Interesse der Studierenden zu wecken und die passenden Kandidaten zu einer Bewerbung zu motivieren. Es werden erste Impulse gesetzt, wie Arbeitgeber den Bedarf an akademischen Nachwuchskräften decken und die Wettbewerbsfähigkeit des Unternehmens langfristig sichern können. Demnach trägt Kapitel 6 zur Erreichung des in Kapitel 1.1. formulierten *Teilziels 6* bei.

6.1. Arbeitskreis Mitarbeitergewinnung

Sowohl die Auswertung von Fachliteratur als auch die Online-Befragung zeigen, dass Employer Branding und speziell die Mitarbeitergewinnung keine Themen sind, für die einzig der HR-Bereich eines Unternehmens verantwortlich sein darf. Daher empfiehlt sich die Einrichtung eines Arbeitskreises, der sich aus Mitarbeitern aus den Bereichen HR und Marketing sowie aus Vertretern der einzelnen Fachbereiche und der Geschäftsführung zusammensetzt. Als Gäste werden zu jedem Treffen Vertreter aus dem Management sowie ausgewählte Auszubildende, Praktikanten oder Werkstudenten eingeladen.

Ziel ist es, gemeinsam das Thema Mitarbeitergewinnung aus allen relevanten Perspektiven zu beleuchten. Das Team verantwortet Ideengenerierung und zielgruppengerechte Konzeption von Maßnahmen zur Mitarbeitergewinnung. Als Treiber sollten die Mitarbeiter des Personalbereichs auftreten: Sie übernehmen die Leitung und koordinieren aufbauend auf den Ergebnissen des Arbeitskreises die Umsetzung der erarbeiteten Maßnahmen. Ein wichtiges Thema, das von den Mitgliedern des Arbeitskreises frühzeitig bearbeitet werden sollte, ist die Erstellung von Social Media Guidelines[167].

---

[167] Social Media Guidelines geben den Mitarbeitern für die Nutzung von Social-Media-Plattformen – insbesondere während der Arbeitszeit – Rahmenbedingungen an die Hand und klären über rechtliche Aspekte hinsichtlich Datenschutz und Urheberrecht auf. Weitere Informationen zu Social Media Guidelines finden sich beispielsweise bei Grabs; Bannour (2011) S. 76 ff. und Jodeleit (2010) S. 47 ff.

Wenn Mitarbeiter verschiedener Unternehmensbereiche und Hierarchieebenen zusammenarbeiten, bringt jeder eigene Sichtweisen, Ansprüche und Ideen ein, wovon das gesamte Team profitiert. Diese interdisziplinäre Zusammenarbeit entspricht der zuvor in Kapitel 4.2. thematisierten, von PARMENT geforderten horizontalen wie vertikalen Zusammenarbeit. Um eine konstruktive Arbeitsatmosphäre zu gewährleisten, sollte der Arbeitskreis aus nicht mehr als zwölf Personen bestehen.

Je nach Unternehmensgröße und Intensität des Fachkräftemangels im Unternehmen ist es zudem denkbar, den thematischen Schwerpunkt des Arbeitskreises zu erweitern und auch die Entwicklung der übergeordneten, ganzheitlichen Employer-Branding-Strategie dieser Runde zu übertragen. Dann müssen neben Vertretern aus Personal- und Marketingabteilung Geschäftsführung und Management umso stärker in den Arbeitskreis eingebunden werden. Entscheidet man sich für diese Variante, bietet es sich an, fünf Themenverantwortliche für die Wirkungsbereiche Mitarbeitergewinnung, Mitarbeiterbindung, Unternehmenskultur, Verbesserung des Unternehmensimages sowie Steigerung der Leistungsbereitschaft und des Geschäftserfolges zu benennen.

6.2. Medialer Einsatz in den Phasen der Mitarbeitergewinnung

Die eingangs in Kapitel 2.2. dargestellten drei Phasen der Mitarbeitergewinnung erfordern verschiedene Kommunikationskanäle zur Ansprache der Zielgruppe. Zunächst muss ein Arbeitgeber im Web auf sich aufmerksam machen und gefunden werden. Interesse kann dann im nächsten Schritt durch authentische Informationen und in Gesprächen entwickelt werden.

Auf Basis der Befragungsergebnisse werden in Abbildung 34 den einzelnen Phasen der Mitarbeitergewinnung die jeweils relevanten Plattformen zugeordnet. Um in der ersten Phase die Aufmerksamkeit der Nachwuchskräfte auf sich zu ziehen, ist es für Arbeitgeber wichtig, in Online-Stellenbörsen präsent zu sein und über einen ansprechenden Karrierebereich auf der Unternehmenswebsite (in Abbildung 34 dargestellt als ‚Ihr.Logo') zu verfügen. Der inhaltliche Schwerpunkt liegt demnach auf Fakten und sachlichen Informationen. Stellenangebote müssen zudem über passende Schlüsselwörter wie Arbeitsort und Funktionsbezeichnung über Suchmaschinen auffindbar sein. Mundpropaganda spielt insbesondere im Offline-Bereich – sei es durch private Kontakte oder durch Kontakte an Hochschulen (in Abbildung 34 dargestellt als Netzwerk) – eine große Rolle. Hieraus leitet sich die große Bedeutung des Hochschulmarketings sowie der regionalen Öffentlichkeitsarbeit ab: Einem Unternehmen, dem man im Alltag begegnet, gelingt es einfacher, die

Aufmerksamkeit von Studierenden bei der Suche nach einer Stelle für den Berufseinstieg auf sich zu ziehen.

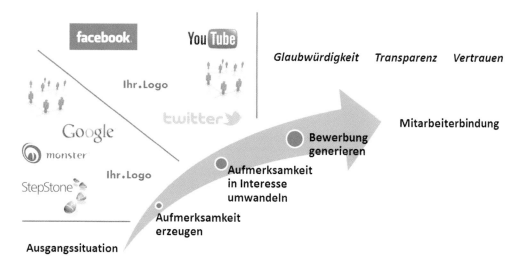

Abbildung 34: Medialer Einsatz in den Phasen der Mitarbeitergewinnung

Laut der Befragung eignet sich die Nutzung von Social-Media-Plattformen eher für die zweite Phase, wenn die gewonnene Aufmerksamkeit in Interesse umgewandelt werden muss. Demnach sollten Arbeitgeberauftritte bei Facebook, YouTube und Co. so ausgestaltet sein, dass sie ergänzende Hintergrundinformationen für jemanden bereitstellen, der den Arbeitgeber bereits kennt. Statt einer sachlich klaren und informativen Präsentation darf es in der zweiten Phase emotionaler und menschlicher werden.

Voraussetzung für das Generieren von Bewerbungen in der dritten Phase ist, dass das erlebte Bild des Arbeitgebers überzeugt und dass die Studierenden alle gewünschten Informationen im Web finden können. Letztendlich stellen – wie in Kapitel 4.1. aufgeführt – Glaubwürdigkeit, Transparenz und Vertrauen auch für die Mitarbeitergewinnung die Erfolgsfaktoren dar: Setzt ein Arbeitgeber sowohl in der Kommunikation mit dem Arbeitsmarkt als auch im Arbeitsalltag auf diese drei Werte, schafft er gute Voraussetzungen, einen interessierten Kandidaten in einen Bewerber zu konvertieren und eine langfristige Beziehung zwischen Arbeitnehmer und Arbeitgeber aufzubauen.

6.3. Kreative Gestaltung von Stellenangeboten in Online-Stellenbörsen

Wie die Befragung der Studierenden gezeigt hat, sind Online-Stellenbörsen die zweitwichtigste Informationsquelle, um passende Stellen zu finden. In einer Online-Stellenbörse steht ein Arbeitgeber mit vielen weiteren Arbeitgebern im direkten Wettbewerb. Wie auf einem Marktplatz werden alle Stellenangebote, die der Suchanfrage entsprechen, zusammen aufgeführt. Um sich in der Menge von Anbietern abzuheben, empfiehlt es sich, neue Wege in der Anzeigengestaltung zu gehen. Neben einer realistischen Beschreibung der zu besetzenden Stelle, den Anforderungen an passende Kandidaten und dem gebotenen Wirkungsfeld kann eine kreative und unkonventionelle Gestaltung zusätzliche Aufmerksamkeit erregen.

In der Vergangenheit wurde die Printversion einer Stellenanzeige meist nahezu unverändert ins Web überführt. Mit einem ansprechenden Design und ergänzenden Features, die zum Entdecken der ausgeschriebenen Position und des Arbeitgebers einladen und an den menschlichen Spieltrieb appellieren, kann ein Arbeitgeber bereits bei der Präsentation in einer Online-Stellenbörse Differenzierung schaffen. Für diesen Weg entschied sich die Münchner ESG Elektroniksystem- und Logistik-GmbH (ESG), die um Arbeitskräfte aus dem MINT-Bereich wirbt. Das Unternehmen entwickelte für die Online-Stellenbörse Jobware aufwändig gestaltete Anzeigen, die technikaffine Menschen ansprechen sollen. Als Interessent kann man sich durch Anklicken der grauen Punkte in der Stellenanzeige in die Unternehmenswelt hineinzoomen und durch das Unternehmen navigieren.[168]

Abbildung 35 zeigt einen Auszug aus der Bilderwelt des Stellenangebots ‚Systemingenieur für den Bereich Softwarelogistik Automotive'.

---

[168] Vgl. Legge (2012) S. 2

Abbildung 35: Auszug aus Bilderwelt einer Web-2.0-Stellenanzeige der ESG[169]

Wie JULIA LEGGE, verantwortlich für das Personalmarketing der ESG, in einem schriftlichen Interview[170] angab, wurde die Web-2.0-Stellenanzeige im Jahr 2011 insbesondere zur Ansprache der mit dem Internet aufgewachsenen Generation Y unternehmensintern entwickelt. Die Stellenanzeige soll technikinteressierte Nachwuchskräfte dazu einladen, die Unternehmenswelt aktiv zu entdecken und den potentiellen Arbeitsplatz kennenzulernen. Ziel der interaktiven Stellenanzeige ist es, authentisch darzustellen, dass die ESG als Arbeitgeber ein innovationsorientiertes Arbeitsumfeld bietet und auf Offenheit in der Kommunikation setzt. Dass aufgrund der Schaltung interaktiver Stellenanzeigen in Online-Stellenbörsen die Anzahl der Bewerbungen deutlich ansteigt, kann LEGGE nicht bestätigen. Statt der Steigerung der Bewerbungseingänge gehe es vielmehr darum, aufzufallen und bereits beim Erstkontakt mit den Bewerbern einen merkfähigen Arbeitgeberauftritt zu gewährleisten, der dem Geist der Zeit und dem des Unternehmens entspricht. Das Feedback einzelner Bewerber und die leicht verbesserte Qualität der Bewerbungen zeigen,

---

[169] Das Bildmaterial stellte die Abteilung Personalmarketing der ESG zur Verfügung.
[170] Das vollständige Interview mit Julia Legge findet sich in Anhang A4.

dass das Konzept auf Akzeptanz stößt. Die Erweiterung der klassisch-informativen Anzeigengestaltung um eine emotionale Komponente zahlt sich positiv auf das Image des Arbeitgebers aus. Sie stellt demnach eine von vielen Stellschrauben dar, um im Kampf um passende Nachwuchskräfte die Aufmerksamkeit im Web 2.0 auf sich zu ziehen.[171]

Ein weiteres Beispiel für eine interaktive Stellenanzeige, die speziell für das Web 2.0 geschaffen wurde, stellt die ‚Job Ad 2.0' dar. Sie wurde von der Online-Stellenbörse Jobware zusammen mit der Kommunikationsagentur KIENBAUM COMMUNICATIONS und der FACHHOCHSCHULE KOBLENZ entwickelt. Auffallen durch Andersartigkeit ist auch hier die Devise: Die Integration von Tag Clouds oder der von Smartphones bekannten Wisch-Funktion laden zum Entdecken und Erspielen der Informationen über die ausgeschriebene Stelle und den Arbeitgeber ein.[172]

6.4. Integration von Teamsites in den Karrierebereich

Die Befragung hat hervorgebracht, dass sich die Studierenden im Karrierebereich informative Inhalte aus dem für sie relevanten Fachbereich wünschen. Hier knüpft die Idee an, je Fachbereich, der vakante Positionen hat, eine Teamsite im Karrierebereich zu integrieren. Die Teamsite ist eine Ergänzung zum klassischen Karrierebereich, der von Mitarbeitern aus dem Personal- oder Marketingbereich mit Informationen zu aktuellen Stellenangeboten, Details zum Bewerbungsprozess, Unternehmensvision, -zielen und Werteverständnis gefüllt wird. Eine Teamsite gibt dem Fachbereich die Chance, sich persönlich darzustellen und genau die Themen aus dem Arbeitsalltag aufzubereiten, die von den Nachwuchskräften ergänzend zu den allgemeinen Informationen im Karrierebereich gewünscht werden. Statt mit generischen Floskeln um Interessenten zu werben, kann der Fachbereich unmittelbar Einblicke in die Aufgaben und Tätigkeiten des Teams geben.

Denkbare Inhalte sind beispielsweise Projektberichte, aus denen das Aufgabengebiet und die Verantwortlichkeiten einzelner Projektmitglieder hervorgehen. Hierbei geht es nicht um allgemeine Erfahrungen im Rahmen ihrer Arbeit, sondern um konkrete Informationen, welche Aufgaben übernommen werden und welche Skills für die Durchführung erforderlich sind. In diesem Zusammenhang können auch Karrierepfade von Mitarbeitern und mögliche Entwicklungsperspektiven dargestellt werden. Diese sollten enthalten, mit welchen Qualifikationen jemand ins Unternehmen kam, welche Schwerpunkte zu seinen Aufgaben gehörten und wie er sich seitdem weiterentwickelt hat.

---

[171] Vgl. Anhang A4, Interview mit Julia Legge
[172] Vgl. Gertz (2011) S. 11 f

Abbildung 36: Darstellung individueller Karrierepfade bei BERTELSMANN[173]

Abbildung 36 zeigt beispielhaft, wie das Medienunternehmen BERTELSMANN individuelle Karrierepfade grafisch darstellt.

Wie die Befragung gezeigt hat, sind Arbeitsklima, Work-Life-Balance, Arbeitsplatzsicherheit und Möglichkeiten zur Selbstverwirklichung diejenigen Aspekte, die bei der Auswahl und Bewertung eines Arbeitgebers als am wichtigsten empfunden werden. Folglich sollte die Teamsite auch über diese Aspekte ehrlich informieren. So könnte schon auf einer Teamsite transparent dargestellt werden, dass beispielsweise im Rahmen von Projekten zu Stoßzeiten die Bereitschaft zu Überstunden gefordert wird, es aber ein Überstundenkonto und die Möglichkeit gibt, Stunden abzubauen oder auszahlen zu lassen. Die Integration einer Schaltfläche von Facebook und Google+ in die Teamsite ermöglicht die Weitergabe und das Empfehlen der Seite an das persönliche Netzwerk des Besuchers.

Die Mitarbeiter, die einen Projekt- oder Karrierebericht verfassen, sollten als Ansprechpartner für Interessenten zur Verfügung stehen und via Kontaktformular, E-Mail oder Telefon erreichbar sein. Werden ergänzend zu den Berichten auch Fotos bereitgestellt, können sich Bewerber einen visuellen Eindruck von der alltäglichen Arbeit machen. Darüber hinaus erfahren sie, wie Arbeitsplätze ausgestattet sind und welche Kleiderordnung erwünscht ist. Ebenfalls ist es wichtig, die Struktur des Fachbereichs aufzuzeigen: So beinhaltet eine Teamsite idealerweise auch Informationen zu Größe und hierarchischer Aufstellung des Teams. Auf der jeweiligen Teamsite können aktuelle Stellenangebote verlinkt sein, die zentral im übergeordneten Karrierebereich mit allen ausgeschriebenen Stellen vorgehalten werden.

---

[173] Bertelsmann (Hrsg.) (o. J.)

Wird eine Teamsite derart ausgestaltet, entspricht sie den Anforderungen, die die befragten Studierenden im Rahmen der Befragung an die Inhalte des Karrierebereichs einer Unternehmenswebsite gestellt haben. Für die Umsetzung steht der Personalbereich als Coach (vgl. Kapitel 4.2.) zur Verfügung und unterstützt den Fachbereich bei der Planung von Inhalten und deren Umsetzung.

Auf Akzeptanz der umworbenen Nachwuchskräfte stößt die Teamsite insbesondere dann, wenn sie aktuell ist und als authentisch wahrgenommen wird. Demnach liegt es in der Verantwortung des Fachbereichs, kontinuierlich neue Beiträge zu veröffentlichen, statt beispielsweise lediglich quartalsweise zu einem bestimmten Stichtag neue Inhalte online zu stellen. Der Personalabteilung obliegen dabei die Motivation zur Erstellung und die finale Freigabe der Beiträge. Zudem sollten sich die Mitarbeiter einer Abteilung hierarchieübergreifend auf der Teamsite engagieren: So sind Stimmen von Praktikanten oder Bacheloranden ebenso relevant für die Zielgruppe wie Beiträge von leitenden Angestellten oder Mitarbeitern, die dem Unternehmen seit vielen Jahren angehören. Die richtige Mischung aus Autoren und unzensierten Beiträgen leistet demnach nicht nur einen Beitrag zur Nachwuchsgewinnung, sondern unterstützt im Idealfall auch die Gewinnung von Berufserfahrenen.

Die Einrichtung von Teamsites im Karrierebereich erfordert Mut des Arbeitsgebers, da er seine Mitarbeiter als sein wichtigstes Kapital öffentlich mit Namen und Fähigkeiten darstellt. Entscheidet er sich für die Teamsites, muss er sich bewusst sein, dass einzelne Mitarbeiter für Headhunter und Personalberater leicht erreichbar sind. Werden Vor- und Nachname und möglicherweise ein Foto veröffentlicht, lässt sich die entsprechende Person in sozialen Netzwerken schnell ausfindig machen. Wird man dem Wunsch der Studierenden gerecht, und gibt E-Mail-Adresse und Telefonnummer von Mitarbeitern aus dem Fachbereich an, wird die Kontaktaufnahme für Wettbewerber und Personaldienstleister weiter erleichtert.

Eine derartige Teamsite stellt für die dort aktiven Mitarbeiter die Chance dar, sich extern zu profilieren. Folglich ist hier das Vertrauen des Arbeitsgebers in seine Mitarbeiter und deren Bindung an das Unternehmen erforderlich. Unternehmensspezifisch muss abgewogen werden, ob dieser Vertrauensvorschuss gegeben werden möchte und ob man als Arbeitgeber derart offen im Internet auftreten möchte. Insbesondere zwei Tatsachen sollten Arbeitgeber allerdings dazu motivieren, sein Auftreten online als auch offline proaktiv zu gestalten und sich ehrlich und transparent zu präsentieren: Zum einen fordern die befragten Vertreter der Generation Y eine extreme Transparenz und zum anderen ist vieles, das aus Unternehmenssicht besser verborgen bleiben sollte, im Web 2.0 ohnehin auffindbar.

6.5. Ausgestaltung einer Facebook-Seite

Auf Basis der Befragungsergebnisse kann der Einsatz von Social Media im Rahmen der Nachwuchsgewinnung weder pauschal befürwortet noch abgelehnt werden. Die befragten Studierenden äußerten sich diesbezüglich sehr zurückhaltend und skeptisch. Sie nutzen Facebook überwiegend für den Austausch mit privaten Kontakten. Inwiefern bei der jungen Zielgruppe die Vermischung von privaten und beruflichen Kontakten bei Facebook in den nächsten Jahren zunehmen wird, kann derzeit nicht beantwortet werden. Sicherlich gibt es auch neben den Stärken wie der technologischen Infrastruktur von Facebook und der intensiven, privaten Nutzung durch die Generation Y gute Gründe für eine Arbeitgeberpräsenz auf Facebook. Hier muss unternehmensindividuell abgewogen werden, ob ein Auftritt bei Facebook sinnstiftend ist. Entscheidet sich ein Arbeitgeber, im Rahmen seiner Social-Media-Strategie eine auf Recruiting ausgerichtete Seite bei Facebook anzulegen, sollte diese – wie in Kapitel 6.2. erläutert – auf die zweite Phase der Mitarbeitergewinnung ausgerichtet werden: das Umwandeln von Aufmerksamkeit in Interesse. Ziel der Präsenz bei Facebook muss es sein, Interessenten, die den Arbeitgeber bereits kennen, die Chance zu geben, sich bei Bedarf persönlich und ungezwungen mit Mitarbeitern des Unternehmens auszutauschen. Bei Facebook sollen sie ergänzende Informationen finden, die sie in dieser Form weder in einer Online-Stellenbörse noch im Karrierebereich einer Website abrufen können.

Die durchgeführte Befragung hat ergeben, dass sich Studierende bei einer externen Plattform wie Facebook Unternehmensnews, aktuelle Stellenausschreibungen, Erfahrungsberichte von Mitarbeitern und Einblicke in den Arbeitsalltag durch Fotos und Videos wünschen. Bei Facebook sollte es menschlich und durchaus emotional zugehen. So kann etwa ein kleines Unternehmen einen neuen Mitarbeiter bei Facebook als neues Teammitglied begrüßen oder Auszubildenden zur erfolgreichen Abschlussprüfung gratulieren. Dass ein Kaffeevollautomat angeschafft wurde, kann zusammen mit einem Foto ebenfalls einen Beitrag wert sein. Größere Unternehmen könnten beispielsweise kurze Statusupdates über Neubauprojekte veröffentlichen, um das Unternehmenswachstum zu veranschaulichen. Auch das Begleiten von internen Nachwuchskräfteprogrammen, wie sie inzwischen viele Unternehmen anbieten, kann multimedial auf Facebook geschehen. Kurzweilige Videofilme können ohne großen Aufwand etwa von einem unternehmenseigenen, kostenlosen YouTube-Kanal bei Facebook eingebunden werden und ermöglichen den Blick hinter die Unternehmenskulissen. Bei der Videoproduktion sollte der Fokus auf Authentizität statt auf Professionalität liegen.

Derartige Beiträge aus dem Unternehmensalltag wirken sich positiv auf die emotionale Attraktivität[174] des Arbeitgebers aus und lassen ihn menschlich erscheinen. Zeitgleich sinkt auch die Hürde für Mitarbeiter, sich an Gesprächen im Web zu beteiligen. Neben einem abwechslungsreichen und multimedialen Themenmix sind Social Media Guidelines wichtig, um Mitarbeiter aller Fachbereiche zu motivieren, auf dem Unternehmensprofil aktiv zu werden, und ihnen Rahmenbedingungen sowie Richtlinien für ihr Engagement aufzuzeigen. So muss die Personal- oder Marketingabteilung Mitarbeiter nicht dazu aufrufen, sich zu bestimmten Themen auf Facebook zu äußern: Wenn es Rahmenbedingungen und Regeln gibt, die die Nutzung von Social Media während der Arbeitszeit erlauben, entwickeln Mitarbeiter im Idealfall ein Eigeninteresse, sich für ihren Arbeitgeber im Web zu engagieren. Wird aus den Beiträgen ersichtlich, dass es sich bei den Verfassern um Mitarbeiter des Unternehmens handelt, die sich aus eigenem Antrieb auf der Facebook-Seite ihres Arbeitgebers engagieren, steigert dies das Vertrauen der Studierenden in die Aussagen. Möglicherweise sinkt damit auf Seiten der jungen Zielgruppe auch die Hürde, Informationen nicht nur passiv zu konsumieren, sondern mit einem Arbeitgeber und dessen Mitarbeitern bei Facebook ins Gespräch zu kommen.

Im Rahmen der Redaktionsplanung sollten die Themen berücksichtigt werden, die den befragten Studierenden bei der Wahl und der Bewertung eines Arbeitgebers sehr wichtig sind (vgl. Kapitel 5.3.2.): Möchte sich ein Vertreter der Generation Y bei Facebook über einen konkreten Arbeitgeber tiefergehend informieren, sollten dort ergänzende Informationen zu Arbeitsklima, Work-Life-Balance, Arbeitsplatzsicherheit und Unternehmenskultur auffindbar sein.

Für die Erstellung von Inhalten bei Facebook geben GRABS; BANNOUR wichtige Hinweise: Erst durch das Einbinden von Fotos oder Videos wird die Teilen-Schaltfläche eingeblendet, über die Fans einen Beitrag an das eigene Netzwerk weitergeben können. Reine Textbeiträge können hingegen nicht geteilt werden. Mit der Mention-Funktion können Fans oder andere Facebook-Seiten in eigenen Beiträgen erwähnt und zugleich verlinkt werden, was die Reichweite der Beiträge ebenfalls vergrößert. Hintergrundgeschichten, Tipps und Erfahrungen sind ebenso für Facebook geeignet wie kurze, unterhaltsame Beiträge.[175] Zur

---

[174] Vgl. Kapitel 3.4.3. und Parment (2009) S. 56
[175] Vgl. Grabs; Bannour (2011) S. 229 f

Schaffung von Sympathie und Interesse sind einmal mehr Authentizität und Vertrauen die Erfolgsfaktoren – und nicht Perfektion: „Ein kleines Hopsala aus dem Arbeitsalltag kann, wenn es nicht zu peinlich ist, das Unternehmen gleich menschlicher darstellen."[176]

6.6. Aufruf zur Arbeitgeberbewertung

Wie die Online-Befragung gezeigt hat, greift ein Teil der Studierenden auf Arbeitgeber-Bewertungsportale zu Informationszwecken zurück. Das konkrete Beispiel mit einer sehr negativen Bewertung eines Konsumgüterherstellers zeigte, dass eine einzelne schlechte Bewertung dazu führen kann, dass zuvor interessierte Personen von einer Bewerbung absehen. Damit das Bild eines Arbeitgebers nicht durch einzelne Bewertungen – möglicherweise von frustrierten oder stark unzufriedenen Mitarbeitern – geprägt wird, sollte der Arbeitgeber dazu motivieren, Arbeitgeber-Bewertungsportale zu nutzen. Eine Aufforderung der gesamten Belegschaft hat zur Folge, dass eine Vielzahl von Bewertungen generiert wird. Je übereinstimmender die Bewertungen in ihren Aussagen sind, desto eher wird ihnen Vertrauen geschenkt. Geben beispielsweise 20 Personen an, dass die Work-Life-Balance sehr negativ ist, aber überdurchschnittlich hohe Gehälter gezahlt werden, stellt dies sicherlich einen Orientierungspunkt für Interessenten dar.

Das Arbeitgeber-Bewertungsportal kununu hat die Bedeutung eines ganzheitlichen Bildes des Arbeitgebers bereits erkannt: So zeichnet kununu diejenigen Unternehmen mit dem Siegel OPEN COMPANY aus, die aktiv ihre Mitarbeiter zur Bewertung motivieren und einen unternehmensweiten Aufruf starten. Für Unternehmen mit mehr als fünf Bewertungen, die durchschnittlich mindestens drei von fünf Punkten erreichen, verleiht kununu eine Auszeichnung als TOP COMPANY, wie sie in Abbildung 37 rechts dargestellt ist.[177] Der Arbeitgeber profitiert demnach nicht nur von einem ganzheitlichen Urteil aus Sicht zahlreicher Mitarbeiter, sondern auch von der ihm verliehenen Auszeichnung. Hiermit trifft er den Geschmack der Generation Y: Die Befragung der Studierenden kam zu dem Ergebnis, dass fast die Hälfte Arbeitgeberrankings und Auszeichnungen vertraut oder sogar sehr stark vertraut.

---

[176] Grabs; Bannour (2011) S. 230
[177] Vgl. kununu (2012)

Abbildung 37: Auszeichnungen von kununu als O<small>PEN</small> C<small>OMPANY</small> und als T<small>OP</small> C<small>OMPANY</small>[178]

Entscheidet sich ein Arbeitgeber dazu, seine Mitarbeiter zu einer Bewertung aufzurufen, muss er mit einem ehrlichen Feedback rechnen. Im Vergleich zu einer klassischen Mitarbeiterbefragung sind die gewonnenen Informationen jedoch nicht einzig intern verfügbar, sondern für alle Internetnutzer auffindbar. Positive wie negative Kritik werden so im Internet transparent. Für Arbeitgeber bedeutet dies auch, dass sie bereit sein müssen, die Kritik anzunehmen, die Bewertungen zu prüfen und möglicherweise Maßnahmen abzuleiten. Fordert ein Arbeitgeber zur Bewertung auf und beschweren sich viele Mitarbeiter in Form von Bewertungen über die schlechte Ausstattung der Arbeitsplätze oder das mangelnde Gesundheitsbewusstsein, kann eine angemessene Reaktion die Verbesserung der Arbeitsumgebung sein. Mit einem Kommentar bei den betroffenen Bewertungen kann der Arbeitgeber dann darauf verweisen, dass er das Feedback zum Anlass genommen hat, die Ausstattung zu verbessern und dass bis zu einem bestimmten Zeitpunkt alle Büroräume beispielsweise mit ergonomischen Möbeln ausgestattet und ein Erholungs- oder Sportraum eingerichtet werden.

---

[178] kununu (2012)

7. Schlussbetrachtung

Um aufzuzeigen, welche Kanäle und Maßnahmen im Web 2.0 zur Nachwuchskräftegewinnung von den derzeitigen Studierenden akzeptiert werden, und welche Inhalte und Gesprächspartner gewünscht sind, wurden zunächst aktuelle Entwicklungen dargestellt, die den deutschen Arbeitsmarkt prägen. Bedingt durch den demografischen Wandel, die Globalisierung der Weltwirtschaft und der Entwicklung zur Wissens- und Dienstleistungsgesellschaft wird es für Arbeitgeber in Deutschland immer schwieriger, sich im War for Talent zu behaupten. Das Humankapital wird zunehmend zum Engpassfaktor und Unternehmen müssen erkennen: „value is created not by companies but by the talented people who populate those companies."[179] In der Konsequenz wird eine ganzheitliche Employer-Branding-Strategie unabdingbar, um sich als Arbeitgeber glaubwürdig und attraktiv zu positionieren.

Insbesondere akademische Nachwuchskräfte als Anhänger der Generation Y sind eine auf dem Arbeitsmarkt hart umkämpfte Zielgruppe, die sich mit ihrer Einstellung ‚Erst leben, dann arbeiten' stark von vorherigen Generationen unterscheidet. Die Generation Y ist mit dem Internet groß geworden und sieht darin ihr Leitmedium. Viele Unternehmen stellen sich auf das veränderte Informations- und Kommunikationsverhalten der Generation Y ein und versuchen, im Mitmach-Web Nachwuchskräfte zu rekrutieren. Weil sich ein Großteil der jungen Zielgruppe bei Facebook täglich aufhält, scheint dies die ideale Plattform zur Nachwuchsgewinnung zu sein. Auch die technologische Infrastruktur und die Möglichkeit, mit potentiellen Bewerbern auf Augenhöhe ein Gespräch aufzubauen, sind häufig für Unternehmen Gründe genug, sich für das Recruiting im Social-Media-Umfeld zu entscheiden. Hierbei wird jedoch häufig die Perspektive der Zielgruppe vernachlässigt. Unklar ist, welchen Beitrag Web 2.0 und Social Media zur Nachwuchsgewinnung leisten können, welche Kanäle Studierende nutzen, um sich über Stellen und potentielle Arbeitgeber zu informieren, und welche Inhalte und Ansprechpartner sie sich wünschen.

Um diese Fragen zu beantworten, wurde im Frühjahr 2012 eine Online-Befragung durchgeführt, an der mehr als 400 Studierende deutscher Hochschulen teilnahmen. Die Auswertung der erhobenen Daten brachte folgende zentrale Ergebnisse zum Vorschein:

- 70 Prozent der Befragten können sich vorstellen, einem Arbeitgeber über zehn Jahre oder länger treu zu bleiben, wenn ihnen ihre Arbeit gut gefällt und Spaß macht.

---
[179] Hornung in Mallett (2004a)

- Ein gutes Arbeitsklima und eine ausgewogene Work-Life-Balance sind bei Wahl und Bewertung eines Arbeitgebers deutlich wichtiger als Standort oder hohe Vergütung.
- Nur jeder Fünfte nutzt Facebook, um sich mit beruflichen Kontakten auszutauschen.
- Knapp die Hälfte der Befragten möchte in sozialen Netzwerken private und berufliche Kontakte trennen und lehnt Arbeitgeberauftritte im Web 2.0 ab.
- Als Informationsquellen rund um Stellenangebote und Arbeitgeber haben die sozialen Netzwerke Facebook, YouTube und Twitter wenig Relevanz. Bevorzugt werden klassische Quellen wie Online-Stellenbörsen, Karrierebereich der Unternehmenswebsite und persönliche Kontakte.
- Eine einzelne negative Bewertung in einem Arbeitgeber-Bewertungsportal kann dazu führen, dass eine zuvor interessierte Person von einer Bewerbung absieht.
- Fast Dreiviertel der Studierenden wünschen als Gesprächs- und Ansprechpartner Mitarbeiter aus dem Fachbereich, für den sie sich interessieren.
- Während der Karrierebereich einer Website eher informativ ausgestaltet sein soll, darf es nach Meinung der Befragten auf externen Web-2.0-Plattformen emotionaler sein.
- Lediglich 23 Prozent der Befragten sind jemals Fan eines Arbeitgebers im Web 2.0 geworden.

Die eindeutigen Ergebnisse der Befragung weisen große Übereinstimmungen mit den wenigen zur Mitarbeitergewinnung im Web 2.0 vorliegenden Studien aus den vergangenen Jahren auf. Basierend auf diesen Ergebnissen konnten Handlungsempfehlungen und Impulse ausgesprochen werden, wie und wo Arbeitgeber im Internet auftreten sollten, um den akademischen Nachwuchs anzusprechen und den Bedarf an jungen Arbeitskräften zu decken. Ein interdisziplinärer Arbeitskreis zum Thema Mitarbeitergewinnung, ein unkonventioneller Auftritt in Online-Stellenbörsen oder die vom Fachbereich gepflegte Teamsite sind nur einige mögliche Maßnahmen: Sie tragen dazu bei, Aufmerksamkeit zu wecken, diese in Interesse umzuwandeln und zum Unternehmen und zur Unternehmenskultur passende Kandidaten zur Bewerbung zu motivieren. Letztendlich sind es die Faktoren Glaubwürdigkeit, Transparenz und Vertrauen, die von den Befragten in der gesamten Kommunikation gefordert werden und die über Erfolg oder Misserfolg der Maßnahmen zur Mitarbeitergewinnung entscheiden.

Das Web 2.0 und insbesondere Social Media haben die Kommunikation zwischen Unternehmen und Konsumenten grundlegend verändert und sind aus der Kommunikationsstrategie vieler Unternehmen nicht mehr wegzudenken. Die Medien und die Technologie hinter Social Media entwickeln sich kontinuierlich weiter.[180] Sicher leistet das heutige Mitmach-Web einen nicht unerheblichen Beitrag für Marketing und Vertrieb – zur Gewinnung von Nachwuchskräften eignen sich Web 2.0 und Social Media derzeit aber nur eingeschränkt: Auf Basis der durchgeführten Studierendenbefragung kann zwar festgehalten werden, dass das heutige Internet zum festen Bestandteil des Alltags der Generation Y gehört, die Nutzung von sozialen Netzwerken für die Berufsorientierung und Arbeitssuche jedoch in Fachliteratur und aktuellen Diskussionen deutlich überbewertet wird. Um diese sehr deutlichen Tendenzen der Befragung weiter zu untermauern, empfiehlt es sich, eine Befragung mit größerer Stichprobe durchzuführen und die Thematik weiter zu durchdringen. Weiter bietet es sich an, im Rahmen einer größeren Befragung auch branchenrelevante Aussagen zu treffen. So ist eine zusätzliche Auswertung der Ergebnisse unter Berücksichtigung der Studiengänge der Befragten sinnstiftend. Arbeitgeber erhalten damit noch konkretere Anhaltspunkte, was etwa die Ansprache von Nachwuchskräften für den IT-Bereich von der von Betriebswirtschaftlern unterscheidet.

Es bleibt abzuwarten, wie die Generation Y in den kommenden Jahren private und berufliche Kontakte pflegen und verwalten möchte. Die Angst, dass ein Unternehmen auf dem eigenen Profil zu persönliche Informationen findet, die zur Absage führen können, scheint aktuell groß zu sein. Die Trennung in Circles bei Google+ und die inzwischen erweiterten Funktionen zum Schutz der Privatsphäre bei Facebook schaffen Rahmenbedingungen, um in einem Netzwerk sowohl private als auch berufliche Kontakte zu pflegen und Inhalte nur für bestimmte Personenkreise sichtbar zu machen. Wird es in den kommenden Jahren zu einer zunehmenden Vermischung von Kontakten aus Freundeskreis und Arbeitswelt kommen, führt dies unweigerlich auch zur Steigerung der Akzeptanz von Arbeitgebern in sozialen Netzwerken.

Entscheidet sich ein Unternehmen für auf Recruiting ausgerichtete Arbeitgeberauftritte in sozialen Netzwerken wie Facebook oder Google+, muss er sich die Frage nach den damit verfolgten Zielen stellen und ehrlich beantworten. Messbare Erfolge konnten in der Vergangenheit die wenigsten Unternehmen vorweisen. Geht es also darum, die Anzahl der Bewerbungen zu erhöhen oder ist es Ziel, aufzufallen und einen merkfähigen Eindruck bei passenden Kandidaten zu hinterlassen? Wenn letzteres mit dem Einsatz von Social Media

---

[180] Vgl. Altmann (2011)

gelingt und dies durch Feedback von Bewerbern indirekt erfasst werden kann, ist dies möglicherweise mehr wert als die Quantität der Bewerbungseingänge. An die Zieldefinition knüpft die Ressourcenplanung an. Ein Social-Media-Auftritt lässt sich nicht nebenbei pflegen, sondern erfordert viel Zeit. Die entsprechenden Ressourcen müssen im Unternehmen bereitgestellt werden. Eine externe Agentur kann hier nur Starthilfe bei der Strategieentwicklung geben, denn die letztliche Umsetzung muss durch Menschen erfolgen, die den Arbeitgeber Tag für Tag erleben.

Einen ebenfalls wichtigen Aspekt stellt die Verknüpfung von Online- und Offline-Maßnahmen zur Nachwuchsgewinnung dar. Wird der Erstkontakt zwischen Interessent und Arbeitgeber online hergestellt, darf sich das Engagement des Arbeitgebers nicht nur auf das Web beschränken: Weitere Berührungspunkte, wie sie etwa Jobmessen oder Hochschulveranstaltungen bieten, müssen die gleichen Botschaften transportieren, wie sie im Internet gesendet werden.[181] Der Eindruck, den sich ein Interessent von einem potentiellen Arbeitgeber macht, muss über alle Kontaktmöglichkeiten konsistent sein: sei es im Karrierebereich der Website, durch Bewertungen in einem Arbeitgeber-Bewertungsportal, in einem Gespräch bei einer Jobmesse oder im alles entscheidenden Vorstellungsgespräch, in dem sich Arbeitgeber und Bewerber besser kennenlernen.

In diesem Kontext müssen Unternehmen verinnerlichen, dass es nicht Ziel sein darf, den perfekten Arbeitgeber darzustellen. Vielmehr wünschen sich die Studierenden einen authentischen Arbeitgeber, der über Stärken und Schwächen verfügt, der auf ein faires und von Wertschätzung geprägtes Miteinander zwischen Arbeitgeber und Arbeitnehmer setzt und der mit seiner Unternehmenskultur zu Anforderungen und Werteverständnis des Interessenten passt.

FRANK HAUSER, Leiter des GREAT PLACE TO WORK INSTITUTE DEUTSCHLAND, unterstreicht die Relevanz der Thematik: „Der Wettbewerb der Zukunft entscheidet sich auf den Personalmärkten."[182]

---

[181] Vgl. Bernauer et al. (2011) S. 24
[182] Hauser in Stotz; Wedel (2009) S. 1

Literaturverzeichnis

Autorengruppe Bildungsberichterstattung (Hrsg.) (2010) *Bildung in Deutschland 2010. Ein indikatorengestützter Bericht mit einer Analyse zu Perspektiven des Bildungswesens im demografischen Wandel*, Bielefeld: W. Bertelsmann Verlag.

Bernauer, Dominik; Hesse, Gero; Laick, Steffen; Schmitz, Bernd (2011) *Social Media im Personalmarketing. Erfolgreich in Netzwerken kommunizieren*, Köln: Wolters Kluwer.

BITKOM (Hrsg.) (2011) Presseinformation „Unternehmen setzen bei Personalsuche auf das Web 2.0", veröffentlicht durch den Bundesverband Informationswirtschaft, Telekommunikation und neue Medien e.V., Berlin, 17. Januar 2011.

Brosius, Hans-Bernd; Koschel, Friederike; Haas, Alexander (2008) *Methoden der empirischen Kommunikationsforschung. Eine Einführung*, 4., überarbeitete und erweiterte Auflage, Wiesbaden: VS Verlag für Sozialwissenschaften.

Burr, Wolfgang; Stephan, Michael (2006) *Dienstleistungsmanagement. Innovative Wertschöpfungskonzepte für Dienstleistungsunternehmen*, Stuttgart: Kohlhammer Verlag.

Drucker, Peter Ferdinand (1992) „The New Society of Organizations" in: *Harvard Business Review*, September 1992, S. 95-104.

Dutta, Soumitra (2010) „Managing Yourself. What's Your Personal Social Media Strategy?", in: *Harvard Business Review*, November 2010, S. 127-130.

Gertz, Winfried (2011) „Am Wendepunkt" in: *Personalwirtschaft*, 08/2011, S. 10-12.

Grabs, Anne; Bannour, Karim-Patrick (2011) *Follow me! Erfolgreiches Social Media Marketing mit Facebook, Twitter und Co.*, Bonn: Galileo Press.

Heidenreich, Martin; Töpsch, Karin (1998) „Die Organisation von Arbeit in der Wissensgesellschaft", in: *Industrielle Beziehungen*, 5. Jg., Heft 1, S. 13-43.

Hettler, Uwe (2010) *Social Media Marketing. Marketing mit Blogs, Sozialen Netzwerken und weiteren Anwendungen des Web 2.0*, München: Oldenbourg Wissenschaftsverlag.

Heymann-Reder, Dorothea (2011) *Social Media Marketing. Erfolgreiche Strategien für Sie und Ihr Unternehmen*, München: Addison-Wesley Verlag.

Hilker, Claudia (2010) *Social Media für Unternehmer. Wie man Xing, Twitter, YouTube und Co. erfolgreich im Business einsetzt*, Wien: Linde Verlag.

Huber, Andreas (2010) *Personalmanagement*, München: Verlag Franz Vahlen.

Huber, Melanie (2008) *Kommunikation im Web 2.0*, Konstanz: UVK Verlagsgesellschaft.

Jodeleit, Bernhard (2010) *Social Media Relations. Leitfaden für erfolgreiche PR-Strategien und Öffentlichkeitsarbeit im Web 2.0*, Heidelberg: dpunkt.verlag.

Kienbaum Communications (Hrsg.) (2010) *Social Media-Studie. Private soziale Netzwerke im Personalmarketing und Recruiting – Erwartungen der Kandidaten-Zielgruppen 2010*, Gummersbach.

Kirchgeorg, Manfred (2005) „Lockmittel: Nicht Geld oder Image eines Arbeitgebers zieht High Potentials an, sondern die Aussicht auf einen spannenden Arbeitsalltag in Unternehmen", in: *enable – besser wirtschaften*, Beilage zur Financial Times Deutschland vom 12.10.2005, S. 18-19.

Koch, Jörg (2009) *Marktforschung. Grundlagen und praktische Anwendung*, 5., überarbeitete und erweiterte Auflage, München: Oldenbourg Wissenschaftsverlag.

Küffner, Andreas (2011) „Was potentielle Arbeitnehmer in den sozialen Medien wirklich anspricht", in: *School for Communication and Management (scm) newsletter*, 04/2011, S. 7-9.

Lorenzo, George; Oblinger, Diana; Dziuban, Charles (2006) „How Choice, Co-Creation and Culture Are Changing What It Means to Be Net Savvy", in: *Educause Learning Initiative ELI Paper*, 4:2006.

Minchington, Brett (2007) „Future directions in employer branding", in: *Universum Quarterly*, 4/2007, S. 20-21.

Parment, Anders (2009) *Die Generation Y – Mitarbeiter der Zukunft. Herausforderung und Erfolgsfaktor für das Personalmanagement*, Wiesbaden: Gabler Verlag.

Petkovic, Mladen (2008) *Employer Branding. Ein markenpolitischer Ansatz zur Schaffung von Präferenzen bei der Arbeitgeberwahl*, 2. Auflage, München und Mering: Rainer Hampp Verlag.

Petry, Thorsten (2010) *Ergebnispräsentation der Studie: Nutzung von Social Media im Employer Branding und im Online-Recruiting. (Häufig) überbewertet, aber doch wichtig für die Zukunft*, Wiesbaden.

Petry, Thorsten; Schreckenbach, Florian (2010) „Web 2.0: Königs- oder Holzweg?", in: *Personalwirtschaft*, 10/2010, S. 68-70.

Rosethorn, Helen; Hodes, Bernard; Mensink, Job (2007) „Employer branding – more than just a fashion statement?", in: *Research insight. Employer branding. The latest fad or the future for HR?*, Veröffentlichung des Chartered Institute of Personnel and Development, London, Juli 2007, S. 4-6.

Schreckenbach, Florian (2011) „Was potenzielle Arbeitnehmer in den sozialen Medien wirklich anspricht", in: *HR-Szene*, 06/2011, S. 3.

Siemann, Christiane (2008) „Attraktive Schätze ans Licht bringen", in: *Personalwirtschaft*, Sonderheft Employer Branding, 08/2008, S. 4-7.

Sponheuer, Birgit (2010) Burmann, Christoph; Kirchgeorg, Manfred (Hrsg.) *Employer Branding als Bestandteil einer ganzheitlichen Markenführung*, Wiesbaden: Gabler Verlag.

Statistisches Bundesamt (Hrsg.) (2009) *Bevölkerung Deutschlands bis 2060. 12. koordinierte Bevölkerungsvorausberechnung*, Wiesbaden.

Statistisches Bundesamt (Hrsg.) (2011) *Bildung und Kultur. Studierende an Hochschulen -Vorbericht-*, Wiesbaden.

Stotz, Waldemar; Wedel, Anne (2009) *Employer Branding. Mit Strategie zum bevorzugten Arbeitgeber*, München: Oldenbourg Wissenschaftsverlag.

van Eimeren, Birgit; Frees, Beate (2011) „Ergebnisse der ARD/ZDF-Onlinestudie 2011. Drei von vier Deutschen im Netz – ein Ende des digitalen Grabens in Sicht?", in: *Media Perspektiven*, 7-8/2011, S. 334-349.

Winkelmann, Peter (2010) *Marketing und Vertrieb. Fundamente für die Marktorientierte Unternehmensführung*, 7., vollständig überarbeitete und aktualisierte Auflage, München: Oldenbourg Wissenschaftsverlag.

Quellen im Internet

Altmann, Lutz (2011) *Social Media HR geht ab(warts)*, www.personalmarketingblog.de/social-media-hr-geht-abwrts, Abruf am 17.03.2012.

Anger, Christina; Erdmann, Vera; Plünnecke, Axel (2011) Institut der deutschen Wirtschaft Köln (Hrsg.) *Gutachten. MINT-Trendreport 2011*, www.iwkoeln.de/de/studien/gutachten/beitrag/63391, Abruf am 24.01.2012.

Bertelsmann (Hrsg.) (o. J.) *Create your own career*, www.createyourowncareer.de, Abruf am 23.04.2012.

Deutsche Employer Branding Akademie (Hrsg.) (2007) *Definition Employer Branding*, www.employerbranding.org/employerbranding.php, Abruf am 03.04.2012.

Literaturverzeichnis

Diercks, Joachim (2011) *Twitter-Karriere-Ranking aktualisiert. Für die „Großen" wird Twitter immer mehr zum „Sendekanal"*, blog.recrutainment.de/2011/09/05/twitter-karriere-ranking-aktualisiert-fur-die-grosen-wird-twitter-immer-mehr-zum-sendekanal, Abruf am 11.04.2012.

Ferber, Ina (2011) *Mehr Sein als Schein: Employer Branding und Rekrutierung in den sozialen Netzwerken*, huw28.wordpress.com/2011/12/08/mehr-sein-als-schein-employer-branding-und-rekrutierung-in-den-sozialen-netzwerken, Abruf am 12.04.2012.

Geleckyi, Tanja (2012) *Von „Sehr gut" bis „Mangelhaft". Was Noten für die Firma wert sind*, www.orf.at/stories/2096100/2096101/, Abruf am 10.04.2012.

Henkel (o. J.) *Wir teilen die Leidenschaft für den Erfolg*, www.henkel.de/karriere/warum-henkel-35011.htm, Abruf am 15.02.2012.

Hesse, Gero (2011) *5 Thesen zum Thema Wertewandel im Kontext von Mitarbeitergewinnung und -bindung*, saatkorn.wordpress.com/2011/12/07/5-thesen-zum-thema-wertewandel-im-kontext-von-mitarbeitergewinnung-und-bindung/, Abruf am 12.03.2012.

Initiative Deutschland (o. J.) *Ein positives Bild*, www.land-der-ideen.de/initiative/entstehung/ein-positives-bild, Abruf am 06.04.2012.

Kennedy, Gregor; Dalgarno, Barney; Gray, Kathleen; Judd, Terry; Waycott, Jenny; Bennett, Susan; Maton, Karl; Krause, Kerri-Lee; Bishop, Andrea; Chang, Rosemary; Churchward, Anna (2007) *The net generation are not big users of Web 2.0 technologies: Preliminary findings*, www.ascilite.org.au/conferences/singapore07/procs/kennedy.pdf, Abruf am 20.03.2012.

kununu (2012) *Arbeitnehmer bewerten Arbeitgeber*, www.kununu.com, Abruf am 24.02.2012.

Legge, Julia (2012) „Print war früher. Heute ist digital. Morgen ist Web 2.0. Und morgen ist jetzt – bei der ESG", in: *Karriere-Newsletter der Elektroniksystem- und Logistik-GmbH*, 11/12, www.esg.de/fileadmin/downloads/Karriere_News12_01.pdf, Abruf am 20.04.2012.

Mallett, Faye (2004a) *Employer Branding: A New Era of Workforce Attraction and Retention*, www.galtglobalreview.com/article.php?id=222, Abruf am 06.04.2012.

Mallett, Faye (2004b) *Employer Branding: Putting Together a Team*, www.galtglobalreview.com/article.php?id=219, Abruf am 06.04.2012.

Miller-Merrell, Jessica (2011) *ERecruiting: Recruiting on Google+ (Google Plus)*, www.smartrecruiters.com/static/blog/erecruiting-recruiting-on-google-google-plus, Abruf am 12.04.2012.

Postinett, Axel (2012) *Kommentar: Zuckerberg und seine Mission*, www.handelsblatt.com/6140302.html, Abruf am 12.04.2012.

Roth, Philipp (2012) *Facebook Nutzerzahlen 2012 in Deutschland und Weltweit*, allfacebook.de/news/facebook-nutzerzahlen-2012-in-deutschland-und-weltweit, Abruf am 10.04.2012.

Stephan, Judith (2011) *ProSiebenSat.1 startet Employer-Branding-Kampagne*, wuv.de/nachrichten/karriere_job/employer_branding/prosiebensat_1_startet_employer_branding_kampagne, Abruf am 24.03.2012.

van Mossevelde, Christopher; Araujo, Joao (2011) *Employer Branding. Strategic Planning*, www.employerbrandingtoday.com/blog/2011/11/18/strategic-planning, Abruf am 08.04.2012.

Villbrandt, Daniel (2011) *War for talents – Firmen kämpfen um junge Nachwuchs-Talente*, www.absolventa.de/blog/war-for-talents, Abruf am 18.04.2012.

Anhang

Anhang

A1   Original-Fragebogen

Mitarbeitergewinnung im Web 2.0

Hallo und herzlich Willkommen.

Immer mehr Unternehmen greifen auf das Web 2.0 und Social Media zurück, um Mitarbeiter zu gewinnen. Doch was macht einen ansprechenden Auftritt im Web aus? Wie wollen Studenten mit Arbeitgebern im Internet in Kontakt treten? Hier ist Ihre Meinung gefragt!

Derzeit verfasse ich meine Masterthesis zum Thema **Mitarbeitergewinnung im Web 2.0** an der Hochschule Wismar, Studiengang Sales and Marketing. Im Rahmen einer kurzen **Studenten-Befragung** möchte ich Licht ins Dunkel bringen und hoffe dabei auf Ihre Unterstützung.

Mit der Beantwortung meines Fragebogens tragen Sie maßgeblich zum Erfolg meiner Abschlussarbeit bei! Vielen Dank, dass Sie sich 10-15 Minuten Zeit nehmen!

Unter allen Teilnehmern, die ihre E-Mail-Adresse am Ende der Befragung angeben, werden **fünf Taschen des Eco-Fashionlabels** *armedangels* **verlost**. Zudem wird ein **Ergebnisbericht** der Befragung zur Verfügung gestellt.

Katharina Schlüter
(Für Rückfragen: k-schlueter [at] web.de)

Teilnahme und Auswertung der Befragung erfolgen anonymisiert.

[weiter]

Powered by Exavo. Befragen auch Sie mit einer Online-Befragung von Exavo.   [Mehr Infos]

Mitarbeitergewinnung im Web 2.0

Was bedeutet ein Job für Sie?

Mehrfachauswahl möglich

☐ Wenn mir ein Job gut gefällt, bleibe ich einem Arbeitgeber treu.
  Wieso nicht 10 Jahre oder länger für das gleiche Unternehmen arbeiten?
☐ In meinem Job werde ich mich total reinhängen und alles geben, um meine zukünftige Karriere aufzubauen.
☐ Mein Job ist dafür da, mein Leben zu finanzieren.
  Wenn mein Job nicht mehr zu meinem Privatleben passt (etwa durch Umzug), suche ich einen neuen Job.
☐ Egal wie spannend der Job ist, spätestens nach zwei bis drei Jahren suche ich eine neue Herausforderung.
☐ Ein Job ist ein Job. Ich bin nur bedingt bereit, über die bezahlten Stunden hinaus zu arbeiten.
☐ Sonstiges: [   ]

[zurück]   [weiter]

Anhang

Mitarbeitergewinnung im Web 2.0

Wie wichtig sind Ihnen folgende Aspekte bei der <u>Wahl beziehungsweise Bewertung</u> eines Arbeitgebers?

Bitte bewerten Sie auf einer Skala von 1 (= sehr wichtig) bis 6 (= sehr unwichtig).

	1 sehr wichtig	2 wichtig	3 eher wichtig	4 eher unwichtig	5 unwichtig	6 sehr unwichtig
Hohe Vergütung	☐	☐	☐	☐	☐	☐
Fort- und Weiterbildungsangebot	☐	☐	☐	☐	☐	☐
Attraktiver Standort	☐	☐	☐	☐	☐	☐
Hohe Bekanntheit	☐	☐	☐	☐	☐	☐
Unternehmenskultur und Werteverständnis	☐	☐	☐	☐	☐	☐
Internationales Umfeld	☐	☐	☐	☐	☐	☐
Verantwortungsvolle Aufgaben	☐	☐	☐	☐	☐	☐
Gutes Arbeitsklima	☐	☐	☐	☐	☐	☐
Möglichkeit zur Selbstverwirklichung	☐	☐	☐	☐	☐	☐
Arbeitsplatzsicherheit	☐	☐	☐	☐	☐	☐
Innovationskraft	☐	☐	☐	☐	☐	☐
Aufstiegsmöglichkeiten	☐	☐	☐	☐	☐	☐
Gutes Image	☐	☐	☐	☐	☐	☐
Work-Life-Balance	☐	☐	☐	☐	☐	☐
Sonstiges:	☐	☐	☐	☐	☐	☐

[zurück]   [weiter]

Anhang

Mitarbeitergewinnung im Web 2.0

Wie oft halten Sie sich auf folgenden Plattformen auf?

	Mehrmals pro Tag	Etwa 1x pro Tag	Mehrmals pro Woche	Etwa 1x pro Woche	Seltener als 1x pro Woche	Gar nicht
Twitter						
VZ-Netzwerke						
LinkedIn						
Online-Fachforen						
YouTube						
Blogs						
kununu						
Facebook						
Google+						
Xing						
Sonstige:						

zurück   weiter

Mitarbeitergewinnung im Web 2.0

Ich nutze das soziale Netzwerk Facebook, um ...

Mehrfachauswahl möglich

- [ ] mich mit privaten Kontakten auszutauschen.
- [ ] mich mit beruflichen Kontakten auszutauschen.
- [ ] neue Leute kennenzulernen.
- [ ] mich über potentielle Arbeitgeber zu informieren.
- [ ] nach Jobs zu suchen.
- [ ] mich über Produkte und Hersteller zu informieren.
- [ ] mich über fachliche Themen (Studienfach, Politik, Wirtschaft) zu informieren.
- [ ] mich über Sport- und Lifestyle-Themen zu informieren.
- [ ] Zeit zu vertreiben.
- [ ] Sonstiges: _____

zurück   weiter

Anhang

Mitarbeitergewinnung im Web 2.0

Immer mehr Arbeitgeber nutzen Facebook, Xing, YouTube und Co. zur Gewinnung von Mitarbeitern. Wie finden Sie das?

Bitte wählen Sie die Antwort aus, mit der Sie sich am besten identifizieren können.

- Gut, denn es eröffnet mir neue Möglichkeiten, mich beruflich zu orientieren und zu informieren.
- Gut, denn so kann ich direkt mit Unternehmen in den Dialog treten.
- Gut, denn so kann ich in meinem Lieblingsnetzwerk direkt nach Praktika und Jobs suchen.
- Nicht gut, denn soziale Netzwerke sind für Menschen und nicht für Unternehmen.
- Nicht gut, denn ich möchte Privates und Berufliches trennen.
- Weiß ich nicht. Das ist mir noch nicht aufgefallen.

[zurück] [weiter]

Mitarbeitergewinnung im Web 2.0

Angenommen, Sie sind auf der Suche nach einem Praktikum oder einem Job für den Berufseinstieg:

Welche Wege würden Sie gern nutzen, um sich über a) passende Stellen und b) einen konkreten Arbeitgeber, der eine passende Stelle anbietet, zu informieren?

	a) Wege, um passende Stellen zu suchen	b) Wege, um sich über einen konkreten Arbeitgeber zu informieren
	würde ich nutzen	würde ich nutzen
Online-Jobbörsen		
Suchmaschinen		
Online-Fachforen		
YouTube		
Familie, Bekannten- und Freundeskreis		
Persönlich beim Unternehmen (per Telefon oder Mail)		
Twitter		
Arbeitgeber-Bewertungsportale (z. B. kununu)		
Karrieremessen		
Fachzeitschrift oder Tageszeitung		
Unternehmenswebsite und Karrierebereich		
Hochschulevents, Professoren		
Facebook		
Arbeitgeberrankings und Auszeichnungen		
Sonstiges:		

[zurück] [weiter]

Anhang

Mitarbeitergewinnung im Web 2.0

Wenn Sie sich im Internet über potentielle Arbeitgeber informieren, stehen zahlreiche Informationsquellen zur Verfügung. Wie stark <u>vertrauen</u> Sie nachfolgenden Quellen?

Bitte bewerten Sie auf einer Skala von 1 (= vertraue ich sehr stark) bis 5 (= vertraue ich gar nicht).

	1 vertraue ich sehr stark	2 vertraue ich	3 vertraue ich eher	4 vertraue ich eher nicht	5 vertraue ich gar nicht	Keine Meinung
Infos auf Facebook, die der Arbeitgeber zur Verfügung stellt	☐	☐	☐	☐	☐	☐
Infos auf Unternehmenswebsite / in Karrierebereich der Website	☐	☐	☐	☐	☐	☐
Beiträge in Online-Fachforen	☐	☐	☐	☐	☐	☐
Arbeitgeberrankings und Auszeichnungen (z. B. Great Place to Work)	☐	☐	☐	☐	☐	☐
Kommentare auf Facebook von einer Person, die das Unternehmen zu kennen scheint	☐	☐	☐	☐	☐	☐
Videos, in dem Mitarbeiter von ihrer Arbeit berichten	☐	☐	☐	☐	☐	☐
Bewertungen in Arbeitgeber-Bewertungsportalen (z. B. kununu)	☐	☐	☐	☐	☐	☐
Sonstiges: _____	☐	☐	☐	☐	☐	☐

[zurück]   [weiter]

Mitarbeitergewinnung im Web 2.0

Wer sollte Ihrer Meinung nach Informationen über einen Arbeitgeber im Internet und insbesondere auf Social Media Plattformen bereitstellen?

Mehrfachauswahl möglich

- Top-Management
- Führungskräfte aus dem Fachbereich, für den ich mich interessiere
- Mitarbeiter aus dem Fachbereich, für den ich mich interessiere
- Mitarbeiter aus dem Bereich Personal
- Mitarbeiter aus dem Bereich Marketing und Kommunikation

[zurück]   [weiter]

Anhang

Mitarbeitergewinnung im Web 2.0

Welche Inhalte wünschen Sie sich über einen möglichen Arbeitgeber a) im <u>Karrierebereich der Unternehmenswebsite</u> und welche b) auf einer <u>externen Plattform</u>?

	a) Im Karrierebereich der Unternehmenswebsite	b) Auf externer Plattform (Bsp. Facebook)
	wünsche ich mir	wünsche ich mir
Einblick in Arbeitsalltag durch Videos	☐	☐
Details zu Bewerbungsprozess	☐	☐
Erwartungen an passende Kandidaten	☐	☐
Erfahrungsberichte von Mitarbeitern	☐	☐
Imagevideo	☐	☐
Aktuelle Stellenausschreibungen	☐	☐
Einblick in Arbeitsalltag durch Fotos	☐	☐
Infos zu Unternehmensvision und Unternehmenszielen	☐	☐
Mitarbeiterblog	☐	☐
Unternehmensnews	☐	☐
Infos zu Unternehmenskultur und Werteverständnis	☐	☐
Soziale Verantwortung / Corporate Social Responsibility	☐	☐
Infos zu einem typischen Arbeitstag	☐	☐
Entwicklungsperspektiven	☐	☐
Bewerber-Chat	☐	☐
Kontaktdaten von Mitarbeitern, die als Ansprechpartner zur Verfügung stehen	☐	☐
Sonstiges	☐	☐

[zurück]   [weiter]

Mitarbeitergewinnung im Web 2.0

Angenommen, Sie informieren sich gerade über Einstiegsmöglichkeiten nach Abschluss Ihres Studiums.

Auf der Karriere-Website eines namhaften Unternehmens finden Sie ein Stellenangebot, das Ihren Vorstellungen entspricht. Zudem lesen Sie auf der Karriere-Website folgenden Text:

> **Wir teilen die Leidenschaft für den Erfolg.**
>
> Arbeit soll Spaß machen, sagen die einen. Wir von XXXXXX brennen für unsere Aufgaben, wir inspirieren uns gegenseitig und wir wachsen gemeinsam an immer neuen Herausforderungen. Welche das im Einzelnen auch sind: Wir setzen alles daran, sie mit Exzellenz zu meistern.
>
> Wir lieben Abwechslung, sagen die einen. Wir von XXXXXX leben Veränderung und Vielfalt – Tag für Tag. Keine Aufgabe ist wie die andere. Wir gehen neue Wege, geleitet von Pioniergeist, Abenteuerlust und Kreativität. So treiben wir Innovationen voran.
>
> Wir reagieren nicht, wir geben den Takt an. Wir denken unternehmerisch und handeln proaktiv. Wir entwickeln Märkte und gestalten Zukunft: in einem intensiven Miteinander, das geprägt ist von gegenseitigem Respekt, Verlässlichkeit und Fairness.

Wie ansprechend finden Sie diesen Arbeitgeber?

- sehr ansprechend
- ansprechend
- weniger ansprechend
- gar nicht ansprechend
- weiß nicht

[zurück] [weiter]

Mitarbeitergewinnung im Web 2.0

Um mehr über das Unternehmen zu erfahren, haben Sie unter anderem bei dem Arbeitgeber-Bewertungsportal kununu recherchiert.

Bei kununu finden Sie folgende Bewertung, die ein Mitarbeiter abgegeben hat:

Punkte
2.3
von 5

Konzern mit sehr gutem Selbstmarketing.

Vorgesetztenverhalten: Globale Ziele werden nicht auf klar definierte, fuer ausfuehrende verstaendliche Ziele heruntergebrochen. Fuehrung nur rudimentaer vorhanden.
Arbeitsbedingungen (Räume, ...): Je nach Position und Aufgabenbereich "Vollaustattung".
Work-Life-Balance: Je nach Position und Einstufung keine Verguetung der Ueberstunden mehr.
Image: Unternehmen geniesst extern einen sehr guten Ruf. Durch eigene Erfahrungen kein empfehlenswerter Arbeitgeber.

Contra:
Das globale Arbeitsklima leidet stark unter dem aktuellen Erfolgsdruck, der gnadenlos nach "unten" weitergegeben wird. Hinzu kommen die nicht enden wollenden Verschlankungen konzernweit.

Verbesserungsvorschläge: *[Unternehmensname]*
1. Rueckkehr zum oft beschworenen ▓▓▓ Geist, der aber nicht unter Druck wieder erscheint.

Welche Auswirkung hat die Bewertung auf Ihr Interesse an dem Arbeitgeber?

Mehrfachauswahl möglich

☐ Ich würde mich definitiv nicht bewerben.
☐ Ich würde weitere Infos im Internet suchen, um mir ein besseres Bild machen zu können.
☐ Ich würde mich in meinem Familien-, Freundes- und Bekanntenkreis umhören, um mir ein besseres Bild machen zu können.
☐ Ich würde mich bewerben, um mir nach einem Vorstellungsgespräch ein besseres Bild machen zu können, bin jedoch etwas skeptisch.
☐ Ich habe weiterhin das gleiche Interesse an dem Unternehmen.
☐ Was ist schon eine einzelne Bewertung? Wahrscheinlich wollte der Mitarbeiter persönlichen Frust ablassen.
☐ Sonstiges: _____

[zurück] [weiter]

Mitarbeitergewinnung im Web 2.0

Sind Sie schon einmal Fan / Follower / Abonnent eines Arbeitgebers geworden, weil Sie sich von dessen Social Media Aktivitäten angesprochen fühlten?

Es geht nur um solche Social Media Auftritte, bei denen der Arbeitgeber und nicht die Produkte im Vordergrund stehen.

- Ja, schon mehrfach.
- Ja, einmal.
- Nein, noch nie.
- Weiß nicht.

[zurück] [weiter]

Mitarbeitergewinnung im Web 2.0

Warum haben Sie sich dazu entschieden, Fan / Follower / Abonnent zu werden?

Mehrfachauswahl möglich

- Einfachere und schnellere Kontaktaufnahme mit Arbeitgeber/Personalbereich
- Weil ich bereits bei diesem Unternehmen gearbeitet habe
- Entspannte Atmosphäre, um Fragen ungezwungen stellen zu können
- Interesse an Unternehmensnews
- Austausch mit anderen Fans / Followern / Abonnenten
- Um auf mich als passenden Kandidaten aufmerksam zu machen
- Aus Neugierde, was einem Fan / Follower / Abonnent geboten wird
- Austausch mit Mitarbeitern
- Sonstiges: [   ]

[zurück] [weiter]

Anhang

Mitarbeitergewinnung im Web 2.0

Bedeutet Fan / Follower / Abonnent werden, dass das Unternehmen ein <u>attraktiver Arbeitgeber</u> für Sie ist?

- Ja, ansonsten wäre ich nicht Fan / Follower / Abonnent geworden.
- Nein, ich wollte mich lediglich detailliert über den Arbeitgeber informieren.
- Nein, aber mir gefallen die Produkte / Dienstleistungen des Unternehmens.
- Weiß nicht. Darüber habe ich noch nicht nachgedacht.

[zurück] [weiter]

Mitarbeitergewinnung im Web 2.0

Hier ist Platz für Ihre persönlichen Ideen und Gedanken:

**Wie muss ein Arbeitgeber im Web auftreten, um Sie zu überzeugen?
Was muss er Ihnen bieten? Wie soll er Sie ansprechen?**

[   ]

[zurück] [weiter]

Anhang

Mitarbeitergewinnung im Web 2.0

Und zum Schluss noch ein paar Fragen zu Ihrer Person - dann haben Sie es geschafft!

Wann werden Sie Ihr derzeitiges Studium voraussichtlich abschließen?

- Innerhalb der kommenden zwölf Monate
- Bis zum Abschluss dauert es länger als ein Jahr
- Bis zum Abschluss dauert es länger als zwei Jahre

Mit welchem akademischen Abschluss werden Sie Ihr derzeitiges Studium abschließen?

- Bachelor
- Master
- Diplom
- Sonstiger Abschluss: _____

[zurück]   [weiter]

Mitarbeitergewinnung im Web 2.0

An was für einer Einrichtung studieren Sie?

- Fachhochschule
- Universität
- Technische Universität
- Berufsakademie
- Sonstige Einrichtung: _____

Welcher Studienrichtung lässt sich Ihr Studienfach zuordnen?

- Rechts- und Wirtschaftswissenschaften (BWL, VWL, ...)
- Informatik
- Mathematik, Naturwissenschaften
- Technik, Ingenieurwissenschaften
- Medien, Kommunikation
- Sprach- und Kulturwissenschaften
- Geisteswissenschaften
- Medizin, Gesundheitswesen, Soziales
- Sonstiges:

_____

[zurück]   [weiter]

Anhang

Mitarbeitergewinnung im Web 2.0

Sie sind...?

☐ Männlich

☐ Weiblich

Wie alt sind Sie?

☐ < 20 Jahre

☐ 20 bis < 25 Jahre

☐ 25 bis < 30 Jahre

☐ 30 Jahre und älter

Bitte geben Sie an, ob Sie an der Verlosung der fünf Taschen des Eco-Fashionlabels *armedangels* teilnehmen und einen Ergebnisbericht erhalten möchten. Hierzu wird Ihre E-Mail-Adresse benötigt.

☑ Ja, ich möchte an der Verlosung teilnehmen.

☐ Ja, ich möchte einen Ergebnisbericht zugeschickt bekommen.

Ihre E-Mail-Adresse:

[zurück]   [weiter]

Mitarbeitergewinnung im Web 2.0

Geschafft!

Vielen Dank,

dass Sie sich die Zeit genommen haben, den Fragebogen vollständig auszufüllen. Damit haben Sie mich sehr bei der Erstellung meiner Masterthesis unterstützt.
Für die noch vor Ihnen liegenden Vorlesungen und Prüfungen sowie für den Berufseinstieg wünsche ich Ihnen alles Gute und viel Erfolg!

Katharina Schlüter
(Für Rückfragen: k-schlueter [at] web.de)

Teilnahme und Auswertung der Befragung erfolgen anonymisiert.

exavo

Powered by Exavo. Befragen auch Sie mit einer Online-Befragung von Exavo.   [Mehr Infos]

Anhang

A2   Anzahl der Vollzeitstudierenden

Die Daten wurden vom STATISTISCHEN BUNDESAMT zur Verfügung gestellt.

Studierende im Wintersemester 2009/10

Bundesland	Studierende insgesamt	davon Vollzeit-studium	Teilzeit-studium	Duales Studium
Deutschland	2121178	**1963452**	109079	48647
Baden-Württemberg	277367	248631	3089	25647
Bayern	272666	269113	1737	1816
Berlin	140070	131317	2541	6212
Brandenburg	49633	48021	1456	156
Bremen	31160	30370	619	171
Hamburg	75503	62731	12730	42
Hessen	185996	178106	5868	2022
Mecklenburg-Vorpommern	38907	36334	2240	333
Niedersachsen	143927	140483	1602	1842
Nordrhein-Westfalen	508534	443469	59532	5533
Rheinland-Pfalz	109478	101657	6553	1268
Saarbrücken	22821	21002	39	1780
Sachsen	109363	102234	6701	428
Sachsen-Anhalt	52924	50980	1608	336
Schleswig-Holstein	50307	47793	1822	692
Thüringen	52522	51211	942	369

Anhang

A3 Soziodemografische Daten der Befragungsteilnehmer

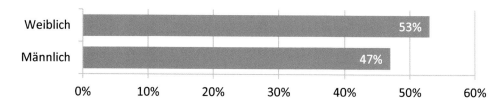

Geschlecht der Befragungsteilnehmer (n=337)

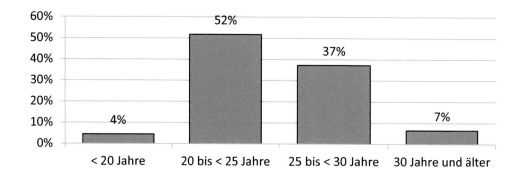

Altersverteilung der Befragungsteilnehmer (n=338)

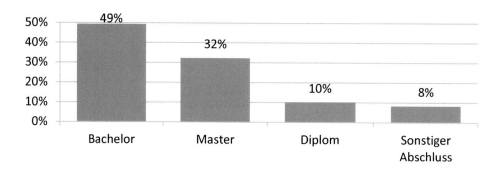

Angestrebter akademischer Abschluss (n=338)

Anhang

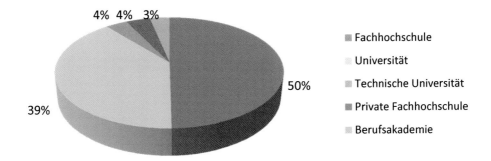

Art der Einrichtung, an der studiert wird (n=337)

Studienrichtung (n=338)

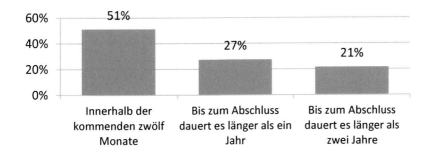

Zeitpunkt des Abschlusses (n=340)

Anhang

A4 Schriftliches Kurzinterview mit Julia Legge

Die Fragen beantwortete JULIA LEGGE, Mitarbeiterin Personalmarketing bei der ESG ELEKTRONIKSYSTEM- UND LOGISTIK-GMBH, im April 2012 per E-Mail.

Seit wann setzen Sie die Web-2.0-Stellenanzeige ein?
Nach ein paar Monaten Konzeption, Entwicklung und Einbindung ist sie seit Ende 2011 live.

Ist die Idee inhouse entwickelt worden oder in Zusammenarbeit mit einer Agentur?
Komplette inhouse-Entwicklung (Texte/Grafik/Oberflächen- und Datenbankprogrammierung/ Bild-Panoramen "Inside ESG"). Idee und Konzept: Personalmarketing. Grafik/Oberfläche: ESG-Grafik-Abteilung. Anbindung: ESG-IT-Abteilung.

Nutzen Sie die Web-2.0-Stellenanzeige für eine spezielle Zielgruppe auf dem Arbeitsmarkt?
Wir nutzen sie für all unsere Stellenanzeigen, wobei die Zielgruppe, die wir im Wesentlichen ansprechen wollen, die der Absolventen und Jungingenieure ist. Die nachwachsende Bewerbergruppe der Generation Y steht in unserem besonderen Fokus.

Was war Ihre Motivation, eine derartige Stellenanzeige zu entwickeln?
Employer Branding und Recruiting sinnvoll zu vereinen. Mit Technik begeistern und Aufmerksamkeit erregen. Den Betrachter involvieren und dazu animieren, sich durch die verschiedenen Seiten durchzuklicken und somit möglichst lange auf der Anzeige zu verweilen. Marke ESG im Gedächtnis behalten, auch wenn aktuelle Stelle ggf. nicht passt. Am Entdeckertrieb von Ingenieuren ansetzen und deren Lust auf Erkundung der ESG wecken. Aktivität des Users anregen. Die Generation Y ist es gewohnt, aktiv mit Web-Inhalten umzugehen. Statische Inhalte werden künftig durch Bewegung abgelöst und vom User erwartet. Schiebbares Bildpanorama erfüllt diese Erwartung. Authentizität und Transparenz demonstrieren durch „Öffnen der Türen" zur ESG: Man kann sich in das Unternehmen und in einzelne technische Bereiche hinein zoomen und erhält damit reale Einblicke in die ESG-Arbeitswelt.

Was versprechen Sie sich vom Einsatz der Web-2.0-Stellenanzeige?
Zeigen zu können, dass wir technisch innovativ sind, dass wir offen, authentisch und transparent kommunizieren und keine Scheinwelten oder ESG-fremde Werbetexte verbreiten. Dass der Betrachter sich den Namen ESG einprägt – auch wenn er sich nicht auf die Stelle bewirbt. Eine Erhöhung des Bewerbungseingangs war weder Ziel, noch ist es das Ergebnis der Anzeige.

Können Sie konkrete Erfolge vorweisen? Gibt es Feedback von Bewerbern?
Die Anzahl an Bewerbungen ist nicht merklich gestiegen, das Feedback ist jedoch durchweg positiv und die Qualität der Bewerber scheint mir, sich verbessert zu haben – wobei dies nicht in absoluten Zahlen messbar ist.